Realschule Baden-Württemberg

Deutschbuch

Arbeitsheft 6

Arbeitstechniken
Schreiben
Mit Texten umgehen
Grammatik
Rechtschreibung
Lernstand testen

Herausgegeben von
Christa Becker-Binder und
Dorothea Fogt

Erarbeitet von
Carmen Collini (Karlsbad)
Dorothea Fogt (Mannheim)
Andreas Glas (Stuttgart)
Christian Weißenburger (Ludwigsburg)

Cornelsen

Inhaltsverzeichnis

Arbeitstechniken und Methoden

Kompetenzen zeigen – Prüfungen vorbereiten – Präsentieren 4

Schreiben

Texte lesen, auswerten und schreiben 14
Schritt 1: Den Text lesen und verstehen 14
Schritt 2: Den Sachtext analysieren 19
Schritt 3: Ein Kompendium anlegen 21
Schritt 4: Eine Rede verfassen 22
Teste dich! Eine Rede überarbeiten 25

Mit Texten und Medien umgehen

Einen Prosatext interpretieren 26
Schritt 1: Den Prosatext verstehen 27
Schritt 2: Den Prosatext schriftlich interpretieren 31
Schritt 3: Den Schluss schreiben 35
Schritt 4: Die Textinterpretation überarbeiten 36
Teste dich! Einen Prosatext interpretieren 37

Ein Gedicht interpretieren 38
Schritt 1: Den Inhalt eines lyrischen Textes erschließen 38
Schritt 2: Sprache und Form des Gedichts untersuchen 40
Schritt 3: Eine Gedichtinterpretation verfassen 42
Schritt 1: Den Inhalt eines Gedichts erschließen 46
Schritt 2: Sprache und Form des Gedichts untersuchen 47
Schritte 3 und 4: Ein Gedicht interpretieren und eine Gedichtinterpretation überarbeiten 47
Teste dich! Sprachliche Mittel untersuchen 49

Produktiver Umgang mit Texten 50
Einen Dramenauszug erschließen 50
Einen inneren Monolog schreiben 53
Einen Brief aus Sicht einer literarischen Figur schreiben 55
Teste dich! Einen persönlichen Brief aus Sicht einer literarischen Figur verfassen 61

Grammatik

Das kann ich schon! – Grammatik 62

Redewiedergabe richtig formulieren 64
Der Konjunktiv I 64
Der Konjunktiv II und seine Ersatzform 65
Wörtliche Rede wiedergeben 66
Korrektes Zitieren 67
Teste dich! Formen der Redewiedergabe 68

Den Schreibstil verbessern 69
Sätze abwechslungsreich gestalten 69
Wiederholungen vermeiden 71
Nebensätze korrekt formulieren und gezielt einsetzen 73
Texte überarbeiten mit Hilfe von Proben 75
Teste dich! Texte überarbeiten: Sätze und Zeichensetzung verbessern 77

Rechtschreibung

Das kann ich schon! – Rechtschreibung 78

Großschreibung 80
Nominalisierungen und Denominalisierungen 80
Tageszeiten und Wochentage 81
Schreibung von Eigennamen und Herkunftsbezeichnungen 82
Teste dich! Groß- oder Kleinschreibung? 83

Getrennt und Zusammenschreibung 84
Wortgruppen aus Nomen und Verb 84
Zusammensetzungen mit einem Nomen als erstem Bestandteil 84
Wortgruppen aus Adjektiv und Verb 85
Verbindungen aus Präposition und Verb/Adverb und Verb 85
Erweiterungsprobe bei Wortgruppen aus Adverb und Verb 86
Bindestriche 87
Teste dich! Getrennt- oder Zusammenschreibung? 88

Strategien zur Vermeidung von Rechtschreibfehlern 89
Ableitungs- und Verlängerungsprobe, Probe zur Prüfung der Großschreibung 90
„das" oder „dass"? 91
Fremdwörter und Fachbegriffe 92
Am PC geschriebene Texte überprüfen 93
Teste dich!
Strategien zur Fehlervermeidung anwenden 94
Texte überarbeiten: Strategien und Proben zur Überprüfung der Rechtschreibung 95

Texte überarbeiten: Zeichensetzung 97
Die Kommasetzung in Satzreihen und Satzgefügen 97
Das Komma in Infinitivsätzen 98
Das Komma bei Appositionen und Erläuterungen 99
Die Zeichensetzung bei Zitaten 100
Teste dich! Zeichensetzung 101

Lernstandstest

Ich teste meinen Lernstand 102
A Texte verstehen (Prosa) 102
B Texte verstehen (Gedicht) 106
C Sachtexte auswerten und argumentieren 109
D Sprache und Grammatik 111

Quellennachweis/Impressum 112

Kennzeichnungen in diesem Arbeitsheft:

1	Aufgabe
●●●	knifflige Aufgabe oder Aufgabe für die Schnellen
Information	Zusammenfassung des Grundwissens
Methode	Aufzeigen einer Vorgehensweise
⌜	Tipps und Arbeitshilfen
►	Der Pfeil sagt dir, auf welcher Seite du etwas nachschlagen kannst.

Mit dem beigefügten Lösungsheft kannst du deine Ergebnisse zu den Aufgaben und Tests selbst überprüfen.

Kompetenzen zeigen – Prüfungen vorbereiten – Präsentieren

Information **Fächerübergreifende Kompetenzprüfung (FüK)**

Die Fächerübergreifende Kompetenzprüfung ist eine **mündliche Prüfung,** die in einer **Gruppe** von drei bis fünf Schülerinnen und Schülern abgelegt wird. Inhalt der Prüfung ist ein selbst gewähltes und bearbeitetes Projektthema, das sich auf Kompetenzen und Inhalte der Klassen 9 und 10 bezieht und **zwei Fächer bzw. Fächerverbünde** umfasst.
Die Kompetenzprüfung wird auf der Grundlage einer zuvor erstellten **Dokumentation** durchgeführt und besteht aus einer **Präsentation** und einem daran anknüpfenden **Prüfungsgespräch.**
Für eine Fächerübergreifende Kompetenzprüfung mit dem Fach Deutsch gibt es vielfältige Möglichkeiten. Im folgenden Kapitel findest du beispielhaft Arbeitsschritte zur Vorbereitung einer Kompetenzprüfung, die du auf andere Themen übertragen kannst. Auf jeden Fall ist es ratsam, das gewählte Thema zunächst mit deiner Lehrerin oder deinem Lehrer zu besprechen.

1. Ein geeignetes Thema finden

Du kannst einen Zugang zu deinem Thema entweder über ...
– einen Themenbereich (z. B. „Nachkriegszeit“) oder über
– eine literarische Anregung (z. B. Filme, Romane, Gedichte, Autoren) gewinnen.

Achte darauf, dass das Thema im Fach Deutsch und in dem anderen Fach bearbeitet werden kann.
In diesem Kapitel lernst du am folgenden Beispiel die Gesichtspunkte des Faches Deutsch zu erarbeiten:
„Der Film ‚Das Wunder von Bern‘ als Spiegelbild Deutschlands der 1950er-Jahre“.

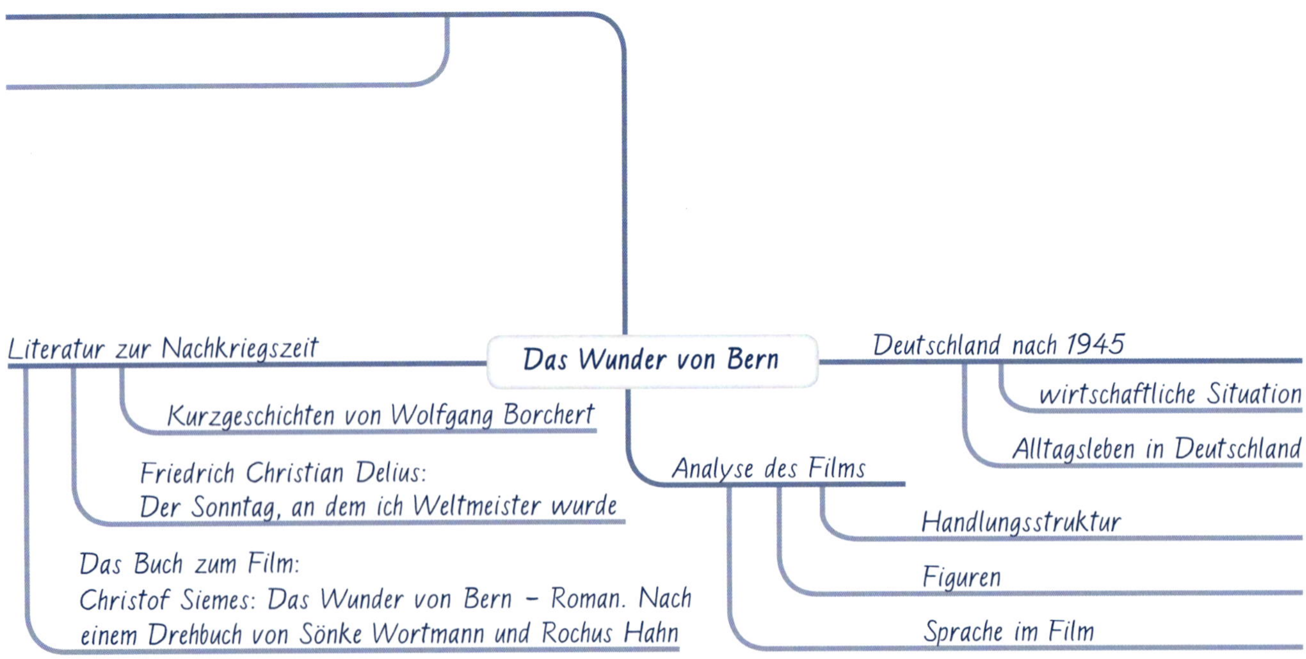

1 **Ergänze die Mind-Map mit den Aspekten des zweiten Faches nach Beratung mit der Fachlehrkraft.**
Du kannst auch eine eigene Mind-Map zu einem selbst gewählten Thema gestalten.

Du kannst die Mind-Map mit Hilfe eines speziellen Programms am Computer erstellen.

2. In der Gruppe erfolgreich arbeiten

Methode **Erfolgreich arbeiten im Team**

Grundlage für eine gelungene Kompetenzprüfung ist die **gute Zusammenarbeit** mit anderen.
Bedenke bei der Zusammensetzung deiner Gruppe:
- Decken **alle Gruppenmitglieder** mit ihren Beiträgen die **beiden Fächer** ab?
- Gibt es **Spezialisten** für die Dokumentation, für die Zeitplanung, für eine gute Präsentation?
- Gibt es besonders **kreative,** besonders **gründliche Mitschüler/Mitschülerinnen**?

Persönliche Freundschaften sollten nicht im Vordergrund stehen.

2 **Mit folgenden Tipps gelingt dir eine gute Zusammenarbeit in der Gruppe. Füge die Sätze passend zusammen.**

Jedes Gruppenmitglied legt ...	festgehalten, wer was bis wann erledigt hat.
Die Gruppe formuliert ...	sich an vereinbarte Regeln und Absprachen.
Arbeitsschwerpunkte werden ...	auf die Einhaltung des Zeitplans.
Im Zeitplan wird ...	gemeinsam das Thema der Kompetenzprüfung.
Der Zeitmanager achtet ...	und für das Arbeitsergebnis der Gruppe verantwortlich.
Der Gesprächsleiter erteilt ...	nach Fähigkeiten und Neigungen verteilt.
Der Konfliktmanager versucht, ...	das Wort und fasst zusammen.
Jeder ist für sich selbst ...	Streitigkeiten zu klären und gibt das Signal für eine mögliche Auszeit.
Jeder hält ...	eine eigene Materialsammlung an.

3. Die Kompetenzprüfung planen

3 a **Ergänze einen Zeitplan für eure Arbeit in der Gruppe.**

Gruppenzeitplan

Namen der Gruppenmitglieder: ______________________ Datum: ____________

Thema: ______________________ Ziel: ______________________

geplante Arbeitsschritte:

Was wird erledigt?	Wer erledigt?	Bis wann?
1. vorläufige Gliederung aus der Mind-Map erstellen	________	*1. Beratungsgespräch*
2. Informationen recherchieren	________	________
3. ________	________	________

b **Erstelle einen Gruppenarbeitsplan am PC.**

4. Sorgfältig recherchieren

Methode **Im Internet recherchieren**

Bei der **Recherche im Internet** werden meist sehr viele Seiten zu einem Stichwort angezeigt. **Vertrauenswürdig** sind die Internetseiten von öffentlichen Institutionen, Hochschulen, Städten, überregionalen Zeitungen und Online-Enzyklopädien. Bei der Beurteilung der **Glaubwürdigkeit** ist auch auf folgende Punkte zu achten: Wie aktuell ist die Seite? Wird der Autor genannt? Werden Quellen aufgeführt? Welchen Zweck verfolgt die Seite?

4 **Beim ersten Gruppentreffen habt ihr festgelegt, wer welche Informationen zu eurem Thema recherchiert. Deine Aufgabe ist es, literarische Texte zur Nachkriegszeit zu recherchieren, die die Stimmung der Zeit widerspiegeln. Als Stichwörter gibst du bei einer Suchmaschine deshalb „Literatur Nachkriegszeit Deutschland" ein. Beurteile die folgenden Seiten im Hinblick auf ihre Vertrauenswürdigkeit und Brauchbarkeit.**

A **Kinder- und Jugendliteratur der Nachkriegszeit in Westdeutschland ...**
www.kinderundjugendmedien.de › Wir › Mediageschichte › Literaturgeschichte
15. 02. 2013 – Aktuelle Seite: Home Wir Mediageschichte Literaturgeschichte Kinder- und Jugendliteratur der Nachkriegszeit in Westdeutschland und ...

B **Nachkriegsliteratur/Trümmerliteratur ab 1945. ZEIT für die Schule**
blog.zeit.de/schueler/2012/02/24/thema-nachkriegsliteratur-1945-1950/
24. 02. 2012 – Überblick: Der Begriff *Nachkriegsliteratur* oder auch *Trümmerliteratur, Literatur der Stunde Null* oder *Heimkehrerliteratur* bezeichnet in der ...

C **Unmittelbare Nachkriegszeit in der Literatur Referat**
www.schreiben10.com/.../28/Unmittelbare-Nachkriegszeit-in-der-Literatur-reon.php
Unmittelbare Nachkriegszeit in der Literatur Referat / Interpretation für Schüler und Studenten – 1949 Gründung der Bundesrepublik Deutschland und der DDR.

D **Deutschland nach 1945: Wie die Frauen sich durch die Nachkriegszeit ...**
https://www.welt.de › Kultur › Literatur
22. 01. 2013 – Trümmerfrauen in Berlin im Sommer 1945. Viele der Ehemänner waren entweder gefallen oder in Kriegsgefangenschaft. Allein war die Frau.

5 **Führe eine Internetrecherche zu deinem Thema durch. Finde dafür passende Suchbegriffe. Bewerte deine Rechercheergebnisse mit Hilfe des Methodenkastens.**

Methode **Quellen angeben**

Bereits bei der Recherche ist es sinnvoll, die Suchergebnisse zu dokumentieren und ein genaues **Quellenverzeichnis** anzulegen. In der Dokumentation müssen später alle Bücher, Abbildungen, Internetseiten usw. aufgeführt werden, die für die Arbeit verwendet wurden. Unterschieden werden:

- **Textquellen:**
  - **Buch:** *Name des Verfassers: Titel des Buches. Verlag, evtl. Auflage, Erscheinungsort mit Jahr, Seite*
  - **Zeitung/Zeitschrift:** *Name des Verfassers: Titel des Artikels. In: Name der Zeitschrift, Nr. der Ausgabe/ Jahr, Seite*
  - **Internetadresse:** *Name des Verfassers: Titel der Veröffentlichung. In: Vollständige Angabe der Internetadresse (Datum des letzten Zugriffs)*

  Achte auf eine einheitliche Zeichensetzung bei der Nennung der Quellen!
- **Bildquellen:** Abbildungen, Diagramme und Schaubilder werden am besten durchnummeriert und mit einer Bildunterschrift ergänzt. Im Bildquellenverzeichnis werden sie entsprechend ihrer Reihenfolge aufgelistet und die vollständige Quellenangabe wird wiederholt.

6 **Recherchiere ein weiteres Filmbild oder ein Foto des Weltmeisterschaftsendspiels 1954 in Bern. Finde eine passende Bildunterschrift und notiere die Quelle.**

Wunder von Bern, 2003
Abbildung 1: Richard Lubanski kehrt zurück
Quelle: action press

7 **Bei vielen Bildern aus dem Internet findest du folgenden Hinweis: „Die Bilder sind urheberrechtlich geschützt." Erläutere diesen Hinweis auch im Hinblick auf die Nutzung solcher Bilder.**

8 **Schreibe die folgenden Quellenangaben mit Hilfe des Methodenkastens richtig auf. Orientiere dich an den Mustern.**

A Reinbek 1994 – Friedrich Christian Delius – Rowohlt – Der Sonntag, an dem ich Weltmeister wurde – S. 25 ff.

B Informationen zur politischen Bildung – S. 27 ff. – Franz-Josef Brüggemeier – Nr. 290/2006 – Das „Fußballwunder" von 1954

C http://www.sueddeutsche.de/kultur/im-kino-das-wunder-von-bern-rahn-haette-schiessen-koennen-haette-1.425801 – Fritz Göttler – (02. 01. 2017) – Rahn hätte schießen können. Hätte.

9 **Notiere in deinem Heft zwei weitere Quellen zu deinem Thema.**

5. Eine Dokumentation erstellen

Methode **Schriftliche Dokumentation**

Zum Thema der Kompetenzprüfung arbeitest du mit deinen Gruppenmitgliedern eine **schriftliche Dokumentation** aus. Diese ist die Grundlage für das Prüfungsgespräch.
Mögliche **Gliederung** der Dokumentation:
- Begründung der Themenwahl und Einbindung des Themas in die beteiligten Fächer
- Zielbeschreibung (Was wollt ihr mit eurer Arbeit erreichen?)
- Planung mit Arbeitsschritten (Gruppenarbeitsplan)
- Beschreibung des Arbeitsverlaufs (Wie verlief eure Arbeit?)
- persönliche Arbeitsschwerpunkte
- Darstellung der Ergebnisse (Ausarbeitung)
- Bewertung und Reflexion (Beurteilung der Arbeit? Schwierigkeiten?)
- Quellenverzeichnis

Achte bei der **Gestaltung** der Dokumentation auf Vollständigkeit, eine saubere Darstellung, Anschaulichkeit (durch Tabellen, Schaubilder, Fotos etc.) und verwende die je nach Thema notwendige Fachsprache.
Denke daran, wörtlich oder sinngemäß übernommene Textstellen als **Zitate** zu kennzeichnen und die jeweilige Quelle anzugeben.

10 **Du hast mit deiner Gruppe zum Thema „Der Film ‚Das Wunder von Bern' als Spiegelbild Deutschlands der 1950er-Jahre" folgende Punkte bereits erarbeitet. Auf welche Schlagwörter zur Gliederung geben die jeweiligen Punkte Informationen? Ordne richtig zu, indem du die passenden Kästchen mit Linien verbindest.**

Sophie hat als Schwerpunkt ihrer Arbeit die Entwicklung des Verhältnisses zwischen Vater und Sohn in „Das Wunder von Bern" beschrieben.

In unserer Gruppe haben sich alle engagiert beteiligt. Schwierigkeiten hatten wir bei der Einhaltung unseres Zeitplans, weil...

Mit unserer Arbeit wollen wir mit Hilfe des Films „Das Wunder von Bern" die Alltagswirklichkeit in den frühen Jahren der Bundesrepublik Deutschland veranschaulichen.

„Es gibt in der deutschen Nachkriegsgeschichte zwei Ereignisse, bei denen die Zeitgenossen heute noch genau wissen, wo sie an diesem Tag waren: Der Fall der Mauer 1989 und der überraschende Gewinn der Fußballweltmeisterschaft am 4. Juli 1954, besser bekannt als: *Das Wunder von Bern.*" Sönke Wortmann

Zielbeschreibung

persönliche Arbeitsschwerpunkte

Ausarbeitung

Reflexion

11 **Gestaltet ein mögliches Deckblatt und ein Inhaltsverzeichnis für eure Dokumentation.**

6. Die Gruppenarbeit reflektieren

Methode **Die Gruppenarbeit reflektieren**

Die **Reflexion der Gruppenarbeit** ist **Teil der Dokumentation** und dient als Vorbereitung auf die Prüfung. Fragen zur Zusammenarbeit in der Gruppe können im Prüfungsgespräch thematisiert werden. Um sich auf diese Situation gut vorzubereiten, ist es hilfreich, sich mit den Arbeitsergebnissen **kritisch auseinanderzusetzen** und mögliche **alternative Herangehensweisen** aufzuzeigen.
Eine Hilfe kann z. B. ein **Reflexionsbogen** sein, den jedes Gruppenmitglied zunächst alleine beantwortet. Anschließend kann das Gesamtergebnis in der Gruppe ausgewertet und reflektiert werden.

12 **Du hast sicher selbst schon in verschiedenen Gruppen gearbeitet und die Gruppenarbeit reflektiert. Hier siehst du den ausgefüllten Reflexionsbogen einer Arbeitsgruppe. Werte diese Gruppenarbeit aus, indem du die gesetzten Kreuzchen versprachlichst. Vervollständige dazu die Satzanfänge.**

Reflexionsbogen				
Bewertung	**1**	**2**	**3**	**4**
Gruppenverhalten				
1. Wie hoch war der Einsatz der Gruppe für das Gelingen eures Projektes?			XX	XX
2. Haben alle ihre Arbeiten selbstständig und zuverlässig erledigt?		XX	X	X
3. Hat die Absprache gut funktioniert, ist die Zusammenarbeit gelungen?	X	XX	X	
Planung und Durchführung				
4. Wurden für jede Arbeitsphase Zeitziele und Verantwortlichkeiten festgelegt?				XXXX
5. Habt ihr die Arbeitspläne eingehalten bzw. sinnvoll geändert? Ziel erreicht?	X	XX	X	
6. Steht das Arbeitsergebnis deiner Gruppe in einem angemessenen Verhältnis zu der Zeit, die euch zur Verfügung stand?		XXX	X	
7. Würdest du das Arbeitsergebnis als gelungen betrachten?			XXXX	
1 Punkt bedeutet: nicht ausgeprägt/negativ, 4 Punkte: sehr ausgeprägt/positiv. Jeder kann in jeder Zeile einen Punkt von 1 bis 4 vergeben.				

Der Einsatz unserer Gruppe für das Gelingen unseres Projektes war ____________________

Das zuverlässige und selbstständige Arbeiten hat nicht ____________________

Problematisch war, dass die Absprachen ____________________

Sehr gut funktioniert hat ____________________

Die Arbeitspläne wurden nicht ____________________

Insgesamt sind alle der Auffassung, dass das Arbeitsergebnis ____________________

____

13 **Lege am PC nach dem Muster oben einen Reflexionsbogen für deine Gruppe an.**

7. Eine Präsentation planen

Methode | **Sich auf eine Präsentation vorbereiten**

Für die Fächerübergreifende Kompetenzprüfung gelten die gleichen Regeln wie für eine GFS oder ein anderes Referat. Da es sich um eine Gruppenpräsentation handelt, sollten folgende **Fragen** vor der Präsentation gemeinsam geklärt werden:

- Wo, wann und für wen wird präsentiert?
- Wie viel Zeit steht zur Verfügung?
- Wie gliedern wir die Präsentation?
- Wer übernimmt welchen Teil?
- Welche Medien setzen wir ein?
- Welche technischen Hilfsmittel benötigen wir?

Es ist sinnvoll, im Vorfeld eine Medienliste zu erstellen. Oft bietet sich ein **„Medienmix“** an, z. B. aus entwickelnder Darstellung an der Tafel, Einsatz von Folien und szenischer Darstellung.

14 **Eine entscheidende Rolle für den Erfolg einer Präsentation spielt der Einstieg. Überlege, welche Möglichkeiten die folgenden Beispiele als mögliche Einstiege zum Thema „Der Film ‚Das Wunder von Bern‘ als Spiegelbild Deutschlands der 1950er-Jahre“ bieten und notiere dazu Stichpunkte.**

Jedes Kind braucht einen Vater.
Jeder Mensch braucht einen Traum.
Jedes Land braucht eine Legende.

15 **Ergänze weitere Ideen.**

16 Du hast für eine PPP-Folie Fakten zum Film „Das Wunder von Bern“ gesammelt. Markiere die wichtigsten Informationen auf dem Stichwortzettel und übertrage sie auf die leere Folie.

Fakten zum Film
- *Das Wunder von Bern*
- *Filmdauer: 118 Min.*
- *Regisseur: Sönke Wortmann*
- *Drehbuch: Rochus Hahn und Sönke Wortmann*
- *Produktion: Hanno Huth, Tom Spieß und Sönke Wortmann*
- *Kamera: Tom Fährmann*
- *Schnitt: Ueli Christen*
- *Musik: Marcel Barsotti*
- *Kinostart: 2003*
- *Altersfreigabe: ab 6 Jahren*
- *Hauptdarsteller:*
  Louis Klamroth als Matthias Lubanski
  Peter Lohmeyer als Richard Lubanski
- *weitere Darsteller:*
  Peter Franke als Sepp Herberger, Sascha Göpel als Helmut Rahn
- *Jnhalt: Geschichte der Familie Lubanski (Vater Kriegsheimkehrer, deshalb Probleme innerhalb der Familie) vor dem Hintergrund der Fußball-WM 1954*

Fakten zum Film

→ ______________________________

→ ______________________________

→ ______________________________

→ ______________________________

→ ______________________________

→ ______________________________

→ ______________________________

17 Erstelle eine eigene PPP-Folie am PC, die deinen Zuhörern einen Überblick über deine Präsentation bietet.

18 Überlege, welche Möglichkeiten sich für den Schluss der Präsentation eignen, und notiere deine Gedanken.

____

____

____

____

____

8. Das Prüfungsgespräch

Methode | **Das Prüfungsgespräch**

Die Prüfungskommission achtet bei der Präsentation auf folgende Kriterien:
- **Fachliche Kompetenz** (z. B. Einbindung in die Fächer, Vertiefung, Korrektheit, Transfer ...)
- **Personale Kompetenz** (z. B. Sicherheit, Körpersprache, Reflexionsfähigkeit ...)
- **Methodische Kompetenz** (Einsatz der Medien, Gestaltung, Kreativität ...)
- **Soziale Kompetenz** (Absprachen, gegenseitige Unterstützung, Zusammenarbeit ...)

19 **Formuliere mit eigenen Worten, was man unter den im Methodenkasten aufgeführten Kompetenzen versteht. Tauscht euch in eurer Arbeitsgruppe über eure Ergebnisse aus.**

20 **Beschreibe, welche personalen, methodischen und sozialen Kompetenzen du in der folgenden Prüfungssituation erkennen kannst. Achte z. B. auf die Nutzung der Medien, die Körpersprache oder die Art der Zusammenarbeit.**

Personale Kompetenzen: ______________________________

____

Soziale Kompetenzen: ______________________________

____

Methodische Kompetenzen: ______________________________

____

21 **Notiere Verbesserungsvorschläge in Form von Tipps für das Prüfungsgespräch.**

Verbesserungsvorschläge: ______________________________

____

____

____

22 **a Formuliere zu jedem Aspekt aus deiner Mind-Map (► S. 4) zwei offene Fragen.**

> **Offene Fragen** lassen viele verschiedene Antworten zu. (W-Fragen)
> **Geschlossene Fragen** sind Fragen, auf die es nur eine Antwort gibt (Ja/Nein-Fragen).

Fragen zum Film:
Welche Figuren sind Haupt-, welche Nebenfiguren?

____

____

Fragen zur Literatur zur Nachkriegszeit:
Mit welchen Themen beschäftigt sich die Literatur über die 1950er-Jahre?

____

____

Fragen zum Alltagsleben nach 1945: ______________________________

____

____

Fragen ______________________________

____

Fragen ______________________________

____

Fragen ______________________________

____

b Beantworte deine offenen Fragen aus a in deinem Heft.

23 **Nutze zur Vorbereitung deiner eigenen Prüfung die folgende Checkliste. Beantworte die Fragen gemeinsam mit deinen Gruppenmitgliedern.**

Checkliste: Fit für die Fächerübergreifende Kompetenzprüfung?	☺	☹
Hat unsere Gruppe ein fächerverbindendes Thema, das uns alle interessiert?		
Haben wir das Thema mit unseren Lehrern besprochen?		
Deckt das Thema fachlich beide Fächer ab?		
Hat unsere Gruppe Regeln für eine gute Zusammenarbeit aufgestellt?		
Haben wir einen Gruppenzeitplan erstellt?		
Hat jedes Gruppenmitglied sorgfältig recherchiert und die Quellenangaben korrekt notiert?		
Ist unsere schriftliche Dokumentation vollständig?		
Haben wir unsere Gruppenarbeit mit Hilfe eines Reflexionsbogens reflektiert?		
Haben wir für die Präsentation geeignete Präsentationsformen ausgewählt?		
Beginnt unsere Präsentation mit einem interessanten Einstieg?		
Haben wir die Präsentation vorher geübt?		
Haben wir selbst mögliche Prüfungsfragen formuliert?		

Texte lesen, auswerten und schreiben

Methode **Einen argumentativen Sachtext untersuchen**

Ein **Sachtext** verfolgt meist eine Aussageabsicht (Intention), z. B.: informieren, werten oder beeinflussen. Untersuche (analysiere) folgende Aspekte des Textes:

1 **Thema/Inhalt und Gedankengang (Argumentationsaufbau)**
- Auf welches Thema konzentriert sich der Text? Was sind die Hauptaussagen/Behauptungen?
- Welche Begründungen werden genannt? Ist die Argumentation schlüssig?
- Werden Gegenargumente berücksichtigt?

2 **Aussageabsicht (Intention)**
- Will der Autor/die Autorin informieren, aufklären, beschwichtigen, zum Handeln aufrufen?

3 **Sprachliche Gestaltungsmittel und ihre Wirkung**
- Wortwahl, z. B.: auf- oder abwertende Formulierungen, Anglizismen, Fachbegriffe
- rhetorische Stilmittel, z. B.: Vergleiche, Wiederholungen, rhetorische Fragen, Personifikationen

Schritt 1: Den Text lesen und verstehen

1 **Zum Rahmenthema „Zukunft der Arbeit – Chancen und Herausforderungen der Arbeitswelt von Morgen?" erhältst du am Schuljahresbeginn die folgende Mind-Map. Was weißt du bereits über das Thema? Vervollständige die Mind-Map mit weiteren Ober- und Unterbegriffen, die dir dazu einfallen.**

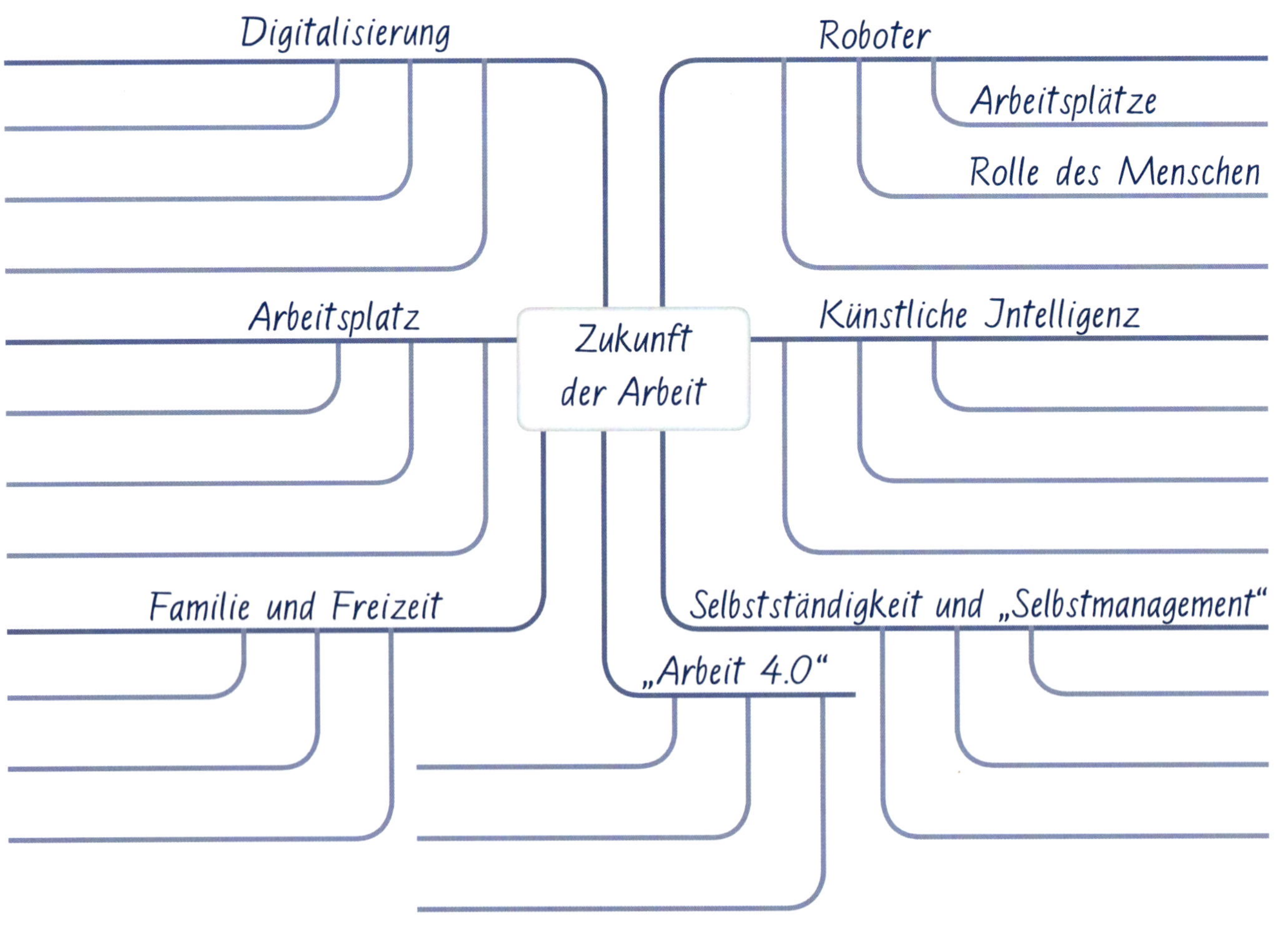

2 **a** **Lies Überschrift, Untertitel und Zwischenüberschriften von Text 1.**
b **Formuliere in einem Satz, mit welchem Thema sich der Autor befasst. Schreibe ins Heft.**

Text 1 Die Jobfresser kommen

Von Stefan Schultz

Roboter, Automatisierung, künstliche Intelligenz: Maschinen werden Millionen unserer Jobs übernehmen. Fluch oder Segen?

Seine wohl unheimlichste Begegnung mit der Macht der Maschinen hatte Christopher Mims in ziemlich betrunkenem Zustand. Mims, Reporter des Tech-Blogs Quartz, stand auf einer Party des Massachusetts Institute of Technology (MIT) herum, als er plötzlich in einer Ecke den Arbeitsroboter Baxter entdeckte. „Baxter sah einsam aus", sagt Mims. [...] Er nahm den Arm des Roboters und bewegte ihn in eine Kiste mit kleinen Gegenständen hinein. Baxters Finger ergriffen eines der Objekte. Nun führte Mims den Roboter zu einem Tisch. Baxter legte den Gegenstand dort ab. Eifrig fuhr der Roboter mit seiner neu erlernten Aufgabe fort. Immer wieder. Gewissenhaft erledigte Baxter einen Job, den auch ein Arbeiter in einem Warenlager von Amazon machen könnte. Er hatte nur ein paar Sekunden gebraucht, diesen zu lernen. Das Beispiel zeigt: Die nächsten Wellen der Automatisierung und Digitalisierung werden den Arbeitsmarkt, wie wir ihn kennen, fundamental verändern – viel schneller als wir denken.
Experten streiten darüber, was das mit uns und unser Gesellschaft macht. Drohen Massenarbeitslosigkeit und Massenarmut? Oder bricht eine Ära an, in der der Mensch endlich ganz Mensch sein kann, weil immer weniger Zeit für den Lebensunterhalt draufgeht – und immer mehr Zeit für die Selbstentfaltung bleibt?

Warum diese Arbeitsmarktrevolution anders ist

Es ist nicht das erste Mal, dass die Arbeitswelt vor Umwälzungen steht. Doch bislang galt stets eine Art Naturgesetz: Jede Stufe der Automatisierung brachte neue, anspruchsvollere Jobs hervor. Jobs, die meist spannender und weniger gesundheitsschädlich waren als die Berufe der vorigen Generation.
Noch vor 200 Jahren arbeiteten 70 Prozent der US-Amerikaner auf einer Farm – heute sind es noch rund ein Prozent. Als Maschinen die Arbeit auf den Äckern übernahmen, heuerten die Feldarbeiter in den Fabriken an, die die Erntemaschinen und Mähdrescher bauten. Als dort Roboter an die Fließbänder drängten, übernahmen die Fabrikarbeiter die Wartung und Pflege dieser Maschinen. [...]
Der Gesellschaft schienen bislang nicht die Aufgaben auszugehen, die man gegen Geld für sie leisten kann. Doch dieses Mal könnte alles anders sein. „Dieses Mal werden nicht nur körperliche Jobs durch geistige ersetzt", sagt Andrew McAfee, MIT-Forscher. „Dieses Mal übernehmen Maschinen auch immer anspruchsvollere Denkaufgaben." Gleichzeitig meistern sie immer kompliziertere motorische Jobs. *Begründung*
Autopiloten könnten schon jetzt souverän eine Boeing 787 landen, in den kommenden Jahrzehnten dürften sie auch sämtliche Lkw- und Taxi-Fahrten übernehmen. Drohnen könnten bald Briefe, Pizzen und Pakete ausliefern. [...] *Beleg*
Finanz-Start-ups setzen Chatbots als Bankberater ein. Zahlreiche Jobs in der Kundenberatung könnten so überflüssig werden. Krankenhäuser setzen künstliche Intelligenz in der Krebsdiagnostik ein, immer mehr Operationen werden von Robotern durchgeführt. Der IT-Riese Alphabet baut seinen Chat-Dienst Google Talk zum Callcenter der Zukunft aus: Kunden sollen künftig Fragen per Chat schicken, antworten soll möglichst oft der Bot. Nur wenn dieser nicht weiter weiß, springt ein menschlicher Callcenter-Agent ein.
Auch Menschen mit kreativen Berufen sollten sich nicht allzu sicher fühlen, schreibt Kevin Kelly, Mitgründer des Technologiemagazins „Wired". Manche Maschinen schreiben auch Songs, Gedichte, Romane und Zeitungsartikel von immer höherer Qualität.
So gut wie jeder Beruf dürfte von der kommenden Arbeitsmarktrevolution erfasst werden. Allein in den USA stehen 47 Prozent der Jobs zur Disposition, heißt es in einer Studie der Oxford-Universität, die 702 Berufsfelder detailliert betrachtet. Alle Sektoren –

von der Landwirtschaft über die Industrie bis zur Dienstleistung – sind betroffen. Immer anspruchsvollere Jobs werden wegdigitalisiert. Und der Wandel beschleunigt sich immer stärker.

Schneller, billiger, schlauer

Schon jetzt lohnen sich Industrieroboter nicht mehr nur in Hochlohnländern. Auch in China sind in den vergangenen Jahren Dutzende Millionen Jobs in der Industrie verlorengegangen. Ein Elektroteilehersteller lässt im Süden des Landes gerade eine Fabrik bauen, in der Roboter 90 Prozent der menschlichen Arbeiter ersetzen.

Laut der Studie einer großen Unternehmensberatung werden die Kosten für Industrieroboter rasch weiter fallen. Schon 2025 könnte sich ihr Einsatz auch in Entwicklungsländern wie Mexiko rentieren. Die sozialen Folgen wären erheblich: Gerade in solchen Staaten arbeiten viele Niedrigqualifizierte, die man nicht so leicht umschulen kann. Andererseits könnten Maschinen bald auch Kinderarbeiter in indischen Textilfabriken ersetzen, heißt es in einer Studie der Internationalen Arbeitsorganisation.

Die künstliche Intelligenz macht ebenso rasche Fortschritte wie die Robotik. Computer sind mittlerweile in der Lage, die Architektur des menschlichen Gehirns in sogenannten neuronalen Netzen nachzuempfinden und eigenständig dazuzulernen. Wie rasch Maschinen schlauer werden, war Anfang des Jahres zu besichtigen, als ein Computer der Google-Tochter Deepmind den weltbesten Go-Spieler deklassierte. […]

Die Jobs der Zukunft

Was passiert nun, wenn Maschinen uns immer schneller und flächendeckender unsere Jobs wegnehmen? […]

Bei den Jobs der Zukunft sind der Fantasie keine Grenzen gesetzt. Alison Sander von der Boston Consulting Group glaubt, dass unter anderem folgende Berufsprofile bald an Beliebtheit gewinnen: Anti-Alterungs-Spezialist, Autor für Geschichten in virtuellen Realitäten, urbaner Landwirt, Haustier-Psychologe und natürlich alle Arten von Computer- und Software-Spezialisten, dazu Wartungs- und Reinigungsfachkräfte für Roboter. „Wired"-Autor Kelly sagt: „Wir werden in Zukunft danach bezahlt, wie gut wir mit Robotern zusammenarbeiten."

Erik Brynjolfsson, Co-Autor von „The Second Machine Age" erwartet, dass sich künftig wesentlich mehr Menschen selbstständig machen werden. Gerade in den entwickelten Ländern dürften bald überall Produktionsstätten und riesige Informationspools verfügbar sein. Dadurch werde es einfacher, neue Geschäftsideen zu verwirklichen.

Andere Experten sind pessimistischer. Der Harvard-Professor und Ex-US-Finanzminister Larry Summers etwa erwartet, dass weit mehr Jobs verlorengehen als neue entstehen. Arbeiter müssen immer besser qualifiziert sein, um nicht von Maschinen ersetzt zu werden, sagt auch sein Harvard-Kollege Gautam Mukunda. Die Ausbildung dafür sei teuer. Gut möglich, dass es sich bald nicht mehr rechne, Arbeitnehmer noch höher zu qualifizieren.

Glaubt man Summers und seinen Kollegen, dann könnte der Gesellschaft bald die Arbeit ausgehen. Die Folge davon müssten aber nicht zwangsläufig soziale Unruhen sein, sagt Buchautor McAfee. Zumindest dann nicht, wenn die Politik auf den Wandel geschickt reagiert.

Die Maschinen-Revolution habe einen entscheidenden Vorteil, sagt McAfee. Die Produktivität steige so stark an, dass sich die Gesellschaft bald deutlich stärkere soziale Netze leisten könne. Selbst ein bedingungsloses Grundeinkommen sei denkbar. Zumindest in diesem Szenario bräuchte der Mensch künftig kaum noch zu arbeiten, um seinen Lebensunterhalt zu finanzieren. Er hätte dann plötzlich sehr viel Zeit, sich mit sich selbst zu beschäftigen. Er müsste sich dann fragen, wozu er eigentlich auf der Welt ist. Es sei denn, er baut sich auch dafür eine Maschine. Einen Computer, der die Frage, was der Mensch ist, ein für alle Mal klärt.

Quelle: http://www.spiegel.de/wirtschaft/soziales/arbeitsmarkt-der-zukunft-die-jobfresser-kommen-a-1105032-druck.html (Stand: 02.08.2016)

Text 2 Diese Arbeitnehmer haben künftig noch gute Chancen

Von Dorothea Siems

Roboter können harte und gefährliche Arbeit verrichten, Computer werden immer intelligenter, und das Internet durchdringt zunehmend mehr Wirtschaftsbereiche. Angesichts der rasanten Digitalisierung geht die Angst um, dass ein Großteil der Arbeitsplätze verschwinden wird. [...] Die Organisation für wirtschaftliche Zusammenarbeit und Entwicklung (OECD) hält solche Prognosen zwar für stark übertrieben. Doch die Digitalisierung ändere die Welt der Arbeit grundlegend, heißt es in einer OECD-Studie.

Behauptung

Begründung

Automatisierungspotenzial hierzulande hoch

Von den hiesigen Arbeitnehmern haben rund zwölf Prozent nach Berechnungen der Ökonomen ein hohes Risiko, dass ihr Job infolge der Automatisierung wegfällt. Denn ihr Beruf besteht zu mehr als zwei Dritteln aus Tätigkeiten, die auch von Maschinen erledigt werden können. [...] Generell gilt, dass Hochqualifizierte die Konkurrenz durch Maschinen weniger fürchten müssen als die Geringqualifizierten. Auch die Arbeitsorganisation spielt eine wichtige Rolle: Je wichtiger die Kommunikation mit anderen Kollegen oder Kunden ist, desto weniger kann der Arbeitsplatz wegrationalisiert werden. [...]

Beleg

Die Polarisierung nimmt zu

Behauptung

Der technologische Wandel treibt neue Beschäftigungsformen voran. Immer mehr Menschen arbeiten flexibel und oft als Freischaffende. Mitunter machen sich Festangestellte selbstständig, um zum Beispiel als Grafikdesigner oder IT-Spezialist ihre Dienste anzubieten. „Die neuen Beschäftigungsformen bieten große Chancen für gute Einkommen und eine flexible Zeiteinteilung. Aber es gibt auch Risiken", sagt OECD-Expertin Monika Queisser. „Denn viele der neuartigen Jobs haben keinen sozialen Schutz."

Es gebe weder Gewerkschaften noch eine Unfallversicherung oder eine obligatorische Altersvorsorge. Manche Solo-Selbstständige seien prekär beschäftigt und kämen finanziell kaum über die Runden. Sie bekämen von den Banken keinen Kredit und hätten kaum die Möglichkeit zur Weiterbildung. Daneben gebe es gut verdienende Arbeitnehmer, die ihre Fähigkeiten nutzten und nach Feierabend noch lukrative Nebenjobs erledigen, sagt Queisser. „Der Arbeitsmarkt droht sich immer mehr zu polarisieren: auf der einen Seite die gut qualifizierten Arbeitnehmer, die vom Strukturwandel profitieren, und auf der anderen Seite die weniger gut Qualifizierten."

Viele Berufe lassen sich nicht ersetzen

Weiter zunehmen wird dagegen die Nachfrage nach Fachkräften mit mittlerer Qualifikation in Bereichen, in denen die Maschinen den Menschen keine Konkurrenz machen, wie etwa Physiotherapeuten und andere Gesundheitsberufe. Die besten Zukunftschancen versprechen indes Berufe, die ein hohes Maß an Kreativität und abstraktes Denken erfordern. Dies gilt etwa für Ingenieure oder Wissenschaftler. Auch kommunikative Tätigkeiten wie Verkaufstrainer oder Psychotherapeuten sind nicht ersetzbar. [...]

Erschreckend viele IT-Analphabeten

In den meisten Berufen gibt es allerdings auch Routinetätigkeiten, die künftig effizient von Computern erledigt werden. Es hängt von der Anpassungsfähigkeit der Arbeitnehmer ab, ob sie von diesem Prozess profitieren oder nicht. Lebenslanges Lernen wird künftig eine große Rolle spielen müssen. Dabei wird auch Training am Computer nötig sein. Denn trotz des technologischen Wandels verfügen bislang laut OECD noch immer erstaunlich viele Erwerbstätige allenfalls über sehr geringe Computerkenntnisse. In Deutschland gilt dies immerhin für 56 Prozent der 15- bis 64-Jährigen. Sie seien oftmals nicht einmal in der Lage, eine E-Mail zu schreiben, sagt Queisser. [...]

Quelle: https://www.welt.de/wirtschaft/article155468431/Diese-Arbeitnehmer-haben-kuenftig-noch-gute-Chancen.html (Stand: 18. 05. 2016)

Text 3 **Computer machen die Arbeit**

Wahrscheinlichkeit des (teilweisen) Ersatzes des Menschen durch den Computer (innerhalb 20 Jahre)

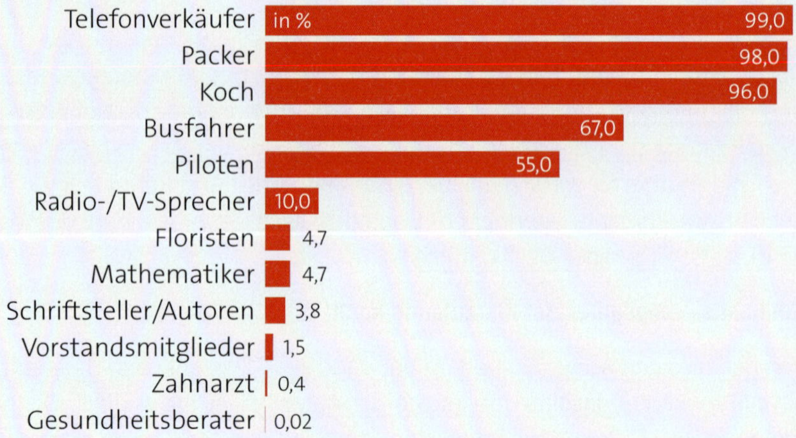

Quelle: University of Oxford

3 **a** **Lies Text 1 auf den Seiten 15–16 gründlich. Unterstreiche dabei Schlüsselwörter und aussagekräftige Textstellen mit Bleistift.**
b **Kreise unbekannte Begriffe ein und kläre ihre Bedeutung. Schreibe die Erklärungen in die Randspalte.**

Arbeite mit dem Text: Unterstreiche oder markiere wichtige Informationen. Nutze die Randspalte für Notizen.

4 **Erschließe die Bedeutung der folgenden Fremdwörter und Fachbegriffe wo möglich aus dem Textzusammenhang. Ordne die Ziffern den Buchstaben zu.**

A	☐	neuronale Netze	D	☐	bedingungsloses Grundeinkommen	G	☐	Chatbots
B	☐	virtuelle Realität	E	☐	Industrieroboter	H	☐	Ära
C	☐	Automatisierung	F	☐	künstliche Intelligenz	I	☐	IT

1 So bezeichnet man die Darstellung einer Welt, die vom Computer geschaffen ist. Diese neu geschaffene Welt gibt vor, dass man in dieser persönlich anwesend ist und sie kann verschiedene Sinneseindrücke wie Geruch, Sehen, Geräusche und Berührungen darstellen.
2 Versuch, eine menschenähnliche Intelligenz nachzubilden, d. h. einen Computer zu bauen oder so zu programmieren, dass er eigenständig Probleme bearbeiten kann
3 Idee, nach dem jeder Bürger – unabhängig von seiner wirtschaftlichen Lage – vom Staat ein gesetzlich festgelegtes und für jeden gleiches finanzielles Einkommen erhält, ohne dafür eine Gegenleistung erbringen zu müssen
4 bestimmter Zeitabschnitt in der Geschichte
5 Diese beziehen sich auf das menschliche Gehirn und bestehen aus mehreren Neuronen, die auch als Einheiten oder Knoten bezeichnet werden. In Informatik und Robotik werden deren Strukturen als künstliches neuronales Netz („künstliches Gehirn“) nachgebildet.
6 Umstellungsprozess eines Unternehmens auf technische Fertigungsanlagen zur selbstständigen Produktion unter Ausschluss von menschlicher Arbeitskraft
7 Diese programmierbare Maschine wird dazu genutzt, Werkstücke zu bearbeiten oder zu montieren. Sie ist für den Einsatz im industriellen Umfeld gefertigt (z. B. bei der Fertigung von Automobilen).
8 clevere Programme, die automatisch mit uns Menschen kommunizieren können und mit denen man sich in natürlicher Sprache unterhalten kann
9 Abkürzung für Informationstechnik; Oberbegriff für die Informations- und Datenverarbeitung

5 **Kreuze an, welche Positionen die Autorin von Text 2 zum Thema „Zukunft der Arbeit“ einnimmt. Drei Aussagen treffen zu.**

A ☐ Die Autorin sieht in der Zukunft unserer Arbeit große Chancen.

B ☐ Die Autorin ist unentschlossen, ob Robotik, Automatisierung und künstliche Intelligenz Fluch oder Segen für die Zukunft der Arbeit bedeuten.

C ☐ Vor allem die Entwicklung der Robotik sieht sie als Gefahr für die Zukunft der Arbeit.

D ☐ Die Arbeitsmarktrevolution erachtet sie als Segen für die Menschheit.

E ☐ Die Autorin ist kritisch, bezieht aber keine klare Position zum Thema „Zukunft der Arbeit“.

F ☐ Die Autorin ist der Meinung, dass uns die Maschinen die Arbeit wegnehmen werden.

G ☐ Die Autorin sieht hinsichtlich der Zukunft unserer Arbeit goldene Zeiten auf uns zukommen.

Schritt 2: Den Sachtext analysieren

1 **Der Autor hat seinen Artikel „Die Jobfresser kommen“ in vier Sinnabschnitte eingeteilt.**
a Formuliere zu jedem Abschnitt in deinem Heft eine Frage, auf die der Text eine Antwort gibt.
b Fasse jeden Abschnitt in eigenen Worten in deinem Heft zusammen.

2 **Untersuche die sprachliche Gestaltung des Textanfangs (► Zeile 1–14). Vervollständige anschließend die folgenden Aussagen.**

A Die Aufmerksamkeit des Lesers gewinnt Stefan Schultz in der Überschrift, indem er ...

____

B Der Autor verwendet eine rhetorische Frage, weil er ...

____

C Schultz beginnt mit dem kleinen Erlebnis von Christopher Mims, weil ...

____

3 **Kreuze die richtige Antwort an: Die Aussageabsicht des Textes ist es ...**

A ☐ zu überzeugen. B ☐ zu beschwichtigen. C ☐ zu unterhalten. D ☐ zu informieren.

4 **Untersuche die Argumentation von Text 1.**
a Text 1 liegt eine wichtige *Annahme* für seinen Text zu Grunde. Welche?

____

> Themafrage – Behauptung – Begründung – Beleg

b Er stellt gleich zu Beginn die Themafrage, die er in seinem Text diskutiert. Markiere diese Themafrage gelb.
c Formuliere die beiden Behauptungen (Pro und Kontra) zur Themafrage:

„Die Übernahme von Jobs durch Maschinen ______________________________“

„Die Übernahme von Jobs durch Maschinen ______________________________“

d Unterstreiche nun die Begründungen zu den beiden Behauptungen grün und die Belege zu den Begründungen schwarz.

5 **Gib den für dich wichtigsten Gedanken im Text mit Behauptung, Begründung und Beleg(en) in eigenen Worten wieder. Du kannst Aussagen direkt oder sinngemäß zitieren (▸ „Zitieren", S. 24). Schreibe in dein Heft.**

6 **Erschließe Text 2.**

a **Unterstreiche Behauptungen blau, Begründungen grün, Belege schwarz.**

b **Übertrage folgendes Schema mit den Beispielen in dein Heft und vervollständige es. Ergänze dazu die fehlenden Behauptungen, Begründungen und Belege.**

Behauptung 1:	*„Angesichts der rasanten Digitalisierung geht die Angst um, dass ein Großteil der Arbeitsplätze verschwinden wird."*
Begründung 1:	*„Doch die Digitalisierung ändere die Welt der Arbeit grundlegend, heißt es in einer OECD-Studie."*
Beleg 1:	*„Von den hiesigen Arbeitnehmern haben rund zwölf Prozent nach Berechnungen der Ökonomen ein hohes Risiko, dass ihr Job infolge der Automatisierung wegfällt. Denn ihr Beruf besteht zu mehr als zwei Dritteln aus Tätigkeiten, die auch von Maschinen erledigt werden können."*
Behauptung 2:	*„Die Polarisierung nimmt zu."*
Begründung 2:	...
Beleg 2:	...

7 **Betrachte das Schaubild auf S. 18 und werte es aus.**

a **Entscheide, ob die nachfolgenden Aussagen zutreffen oder nicht. Kreuze an.**

b **Berichtige die falschen Aussagen in deinem Heft.**

	richtig	falsch
A Es geht in der Grafik darum, wie wahrscheinlich es ist, dass die Arbeit der genannten Berufe in den nächsten 20 Jahren teilweise von Computern erledigt wird.	☐	☐
B Floristenarbeit wird in 20 Jahren wahrscheinlich zu 4,7 % teilweise von Computern erledigt werden.	☐	☐
C Nur noch 4,7 % der Mathematiker werden in 20 Jahren nicht durch Computer ersetzt worden sein.	☐	☐
D Die Arbeit des Zahnarztes wird mit ziemlicher Sicherheit auch in 20 Jahren nicht von Computern erledigt werden.	☐	☐
E 67 % aller Busse werden in 20 Jahren noch von Menschen gesteuert.	☐	☐
F Die Daten für diese Grafik wurden von der University of Oxford in einer Studie erhoben.	☐	☐
G Die Grafik bezieht sich auf eine Untersuchung der University of Oxford.	☐	☐

Grafiken entschlüsseln

- Stelle fest, worum es in der Grafik geht.
- Untersuche, was die Grafik darstellt, z. B.: einen Vorgang oder eine Situation.
- Prüfe, ob die Grafik Farben, Beschriftungen, Symbole enthält, die du klären musst.
- Setze angegebene Zahlen miteinander in Bezug, z. B.: Maximal-, Minimalwerte.
- Schreibe auf, worüber die Grafik informiert.

8 **Nenne zwei Aussagen aus Text 2, die durch das Schaubild belegt oder widerlegt werden. Begründe deine Zuordnung und notiere die Textstellen in dein Heft.**

Schritt 3: Ein Kompendium anlegen

1 Erstelle zum Beitrag von Stefan Schultz (► S. 15 f.) eine Kompendiumkarte.
Ergänze dazu das folgende Schema.

Titel	
Autor/-in	
Quelle	
Textart	*Internetartikel*
Thema	
Kernaussage	*Die Veränderungen in der Arbeitswelt durch Maschinen und Computer sind Fluch und Segen.*
Inhalt / zentrale Aussagen	
wichtige Zitate (wörtlich, direkt)	
Anmerkung	

2 Erstelle für Text 2 auf S. 17 und Text 3 (das Schaubild) auf S. 18 ebenfalls je eine Kompendiumkarte auf einem Extrablatt.

Schritt 4: Eine Rede verfassen

Information **Die Schreibaufgabe klären**

- **Schreibform:** Handelt es sich um eine Rede, einen Leserbrief, eine Stellungnahme, einen Brief, ein Infoblatt?
- **Schreibfunktion:** Sollst du vorstellen, erklären, auflisten, beschreiben oder Stellung nehmen?
- **Adressat:** Wen sprichst du an? An wen richtet sich der Beitrag?
- **Standpunkt:** Wäge Pro und Kontra ab. Überlege dir deinen Standpunkt zur Aufgabenstellung.
- **Intention/Ziel:** Was möchtest du mit deinem Text erreichen? Wie lautet die Themafrage?
- **Argumente und Belege/Beispiele:** Suche mit Hilfe des Kompendiums passende Materialien heraus.

Deine Schreibaufgabe lautet:

> Die Zehntklässler Ihrer Schule haben sich im Unterricht intensiv mit dem Thema „Zukunft der Arbeit – Chancen und Herausforderungen der Arbeitswelt von Morgen" auseinandergesetzt. An Ihrer Schule halten Sie für die Neuntklässler im Rahmen der Berufsorientierung eine Rede zu diesem Thema.
> Bei der Vorbereitung sind Sie auf ein Zitat des griechischen Philosophen Aristoteles gestoßen:
> „Wir können den Wind nicht ändern, aber die Segel anders setzen."
> Dieses Zitat greifen Sie auf. Informieren Sie die Neuntklässler über die Chancen und Herausforderungen der neuen Arbeitswelt, und ermutigen Sie diese zum Sammeln vielfältiger, praktischer Erfahrungen.

1 **Formuliere in eigenen Worten, was von dir verlangt wird. Richte dich nach den Fragen aus dem Informationskasten. Schreibe in dein Heft.**

2 **Gliedere deinen Vortrag und lege fest, welche Argumente und Gegenargumente du ausführen möchtest. Beziehe dabei die Auswertungen der Seiten 14–21 ein. Ergänze die Übersicht in Stichworten.**

Kontra/Pro 1 ____________________

Beleg 1 ____________________

Kontra/Pro 2 ____________________

Beleg 2 ____________________

Kontra/Pro 3 ____________________

Beleg 3 ____________________

Kontra/Pro 1 ____________________

Beleg 1 ____________________

Kontra/Pro 2 ____________________

Beleg 2 ____________________

Kontra/Pro 3 ____________________

Beleg 3 ____________________

Streiche in der Gliederung Nichtzutreffendes: ~~Kontra~~/Pro.

Argumentationskette
Bei den Argumenten für die **gegnerische Position** (Behauptung) stehen die gewichtigsten Begründungen und dazugehörige Belege am Anfang.
Bei den Argumenten für die **eigene Position** (Behauptung) stehen die stärksten Begründungen mit den entsprechenden Belegen am Schluss.

Behauptung

Kontra 1
Kontra 2
Kontra 3

Pro 1
Pro 2
Pro 3

Information **Schreibplan für eine erörternde Rede / einen Vortrag**

- **Begrüße** in der **Einleitung** deine Zuhörer und erkläre Ihnen den Anlass für deine Rede. Wecke das **Interesse des Adressaten** und **führe dann zur Themafrage hin** (Sprichwort, Anekdote, provokative Frage, Bezug auf einen der Zeitungsartikel).
- Im **Hauptteil** stellst du zunächst die **Behauptung** auf und führst dann **Begründungen pro und kontra** an. Für deine Argumentation führst du treffende **Belege** an, z. B. einen Beleg aus einem Artikel, ein Zitat von einer Expertin / einem Experten oder ein Beispiel aus deinem eigenen Erfahrungsbereich.
- Zum **Schluss** stellst du deinen **eigenen Standpunkt** dar und bekräftigst ihn durch einen Appell, eine Forderung oder einen Vorschlag.

Die Einleitung schreiben

3 a **Sie soll das Interesse des Adressaten wecken und zum Thema hinführen. Du kannst mit einem Sprichwort, einer Anekdote, aber auch mit einer provokativen Frage beginnen. Oder du nimmst Bezug auf einen der Zeitungsartikel.**
b **Verdeutliche im Anschluss den Anlass für deinen Vortrag, indem du einen persönlichen Bezug herstellst. Wähle einen der folgenden Satzanfänge und ergänze ihn.**

Satzanfänge

Die neuesten Trends und Entwicklungen in der Arbeitswelt ... • Diesen Artikel habe ich mit großem Interesse gelesen, da ... • Da wir selbst auf der Schwelle zum Arbeitsleben stehen, ...

Den Hauptteil schreiben

4 **Verdeutliche zu Beginn des Hauptteils deinen Standpunkt. Du kannst dabei auf die folgenden Formulierungen zurückgreifen.**

Wortspeicher

Zunächst einmal ... • Ich unterstütze die Auffassung ... • Es ist ein vielschichtiges Thema ... • Mein Standpunkt ist ... • Viele Experten diskutieren, ob ... / sind der Auffassung/Meinung/Ansicht, dass ... • Meiner Meinung nach ...

5 **Formuliere anschließend deine Begründungen aus Aufgabe 2, Seite 22 in deinem Heft aus. Nutze auch die Formulierungshilfen. Du kannst z. B. so beginnen:**

Ein wichtiger Aspekt, der zur Beantwortung dieser Frage beiträgt, ist ...

Wortspeicher

Satzanfänge: Ein Argument für ... • Besonders wichtig ist ... • Zunächst ist ... zu nennen • Für ... spricht außerdem ... • Ein weiterer wichtiger Aspekt ist ... • Der wichtigste Punkt ist ...
Verknüpfungshilfen: folglich • deshalb • demzufolge • weiterhin • schließlich • zudem • infolgedessen

6 Celin und Johann führen in ihrem Vortrag die gleiche Begründung aus. Beurteile die beiden Textausschnitte.

Celin: „Die neuen Beschäftigungsformen bergen auch einige Risiken", meint z. B. OECD-Expertin Monika Queisser in einem Zeitungsartikel der „Welt". Sie bemängelt, dass viele der neuartigen Jobs die Erwerbstätigen sozial nicht schützen würden und mahnt, es gebe z. B. weder Gewerkschaften noch eine Unfallversicherung oder eine obligatorische Altersvorsorge. Manche Solo-Selbstständige seien in einer sehr schwierigen Situation und kämen finanziell kaum über die Runden („Diese Arbeitnehmer haben künftig Chancen", S. 17).

Johann: Doch das ist nicht das einzige Risiko, das die neue Arbeitswelt bereithält. Experten wie Frau Queisser sehen sie kritisch. Denn viele der neuartigen Jobs haben keinen sozialen Schutz.

a Arbeite in deinem Heft und notiere zunächst die Begründung, die von beiden angeführt wird.
b Erläutere jeweils, ob der Beleg überzeugt.
c Begründe, welche Argumentation du überzeugender findest.
d Celin macht Fehler beim Zitieren. Korrigiere diese in deinem Heft.

Belege Aussagen aus dem Text mit Zitaten. Gib Quellentext und Zeilen an.
- Setze **wörtliche (direkte) Zitate** in Anführungszeichen und gib die Zeilen an, z. B.: Stefan Schultz meint: „Jede Stufe der Automatisierung brachte neue, anspruchsvolle Jobs hervor" (▶ „Die Jobfresser kommen", Z. 21 f.)
- Formuliere **sinngemäße (indirekte) Zitate** mit eigenen Worten, z. B.: Der Autor bemerkt, dass Automatisierung bisher nicht zu weniger Arbeit geführt habe (▶ „Die Jobfresser kommen", Z. 20 ff.).
- **Äußerungen Dritter** können auch in der indirekten Rede wiedergegeben werden, z. B.: Die Meinungen der Experten gingen auseinander, meint der Journalist Stefan Schultz.

Den Schluss schreiben

7 Fasse zum Schluss zusammen, welchen Standpunkt du vertrittst. Du kannst auch Standpunkte miteinander vergleichen und einen Ausblick in die Zukunft wagen. Beende deinen Vortrag mit einem Appell, einer Forderung oder einem Vorschlag und notiere diesen.
Liebe Schüler, … – Sicher gibt es im Moment Spannenderes, als für die Schule zu büffeln, aber es zeigt sich … – Ich fordere euch auf, … – Ich ermutige euch, eure Interessen … Macht mit …

8 Schreibe die vollständige Rede in dein Heft.

Den Text überarbeiten

9 Überarbeite deine Rede mit Hilfe der folgenden Checkliste.

Checkliste: Fit für eine Textbeschreibung?	☺	☹
Hast du in der Einleitung deine Zuhörer begrüßt und Interesse für das Thema geweckt?		
Hast du den Anlass deiner Rede erklärt?		
Gibt es eine Themafrage als Überleitung zwischen Einleitung und Hauptteil?		
Hast du zu Beginn des Hauptteils deine Behauptung aufgestellt?		
Baust du im Hauptteil schlüssige Argumentationsketten auf mit Pro- und Kontrapositionen?		
Veranschaulichst du deine Begründungen mit treffenden Belegen und Beispielen?		
Bekräftigst du zum Schluss deinen Standpunkt?		
Formulierst du zuletzt einen Appell, eine Forderung oder einen Vorschlag?		

Teste dich!

Eine Rede überarbeiten

An einem Projekttag zur Berufsorientierung an eurer Schule hältst du eine Rede für die Acht- und Neuntklässler zum Thema **„Zukunft der Arbeit – Chancen und Herausforderungen der Arbeitswelt von Morgen“.** Du sollst deine Mitschüler dazu bewegen, sich Gedanken über ihre eigene berufliche Zukunft, aber auch zu ihrer Einstellung zum Arbeiten insgesamt zu machen. Schreibe eine Rede, in der du vier Argumente ausführst.

[...] Die Arbeitswelt der Zukunft - Chance oder Herausforderung? Es ist ein vielschichtiges Thema, auf das auch die Experten noch keine Antworten wissen.

Zunächst einmal ist festzustellen: Es kommen große Herausforderungen auf uns zu und der Wandel wird seine Spuren hinterlassen.

Dafür spricht, dass intelligente Maschinen, Computer- und Softwaresysteme zunehmend menschliche Arbeit ersetzen und dadurch Arbeitsplätze wegfallen. Maschinen eignen sich in ungeheurem Tempo Fertigkeiten an, die lange Zeit Menschen vorbehalten zu sein schienen. Der Wissenschaftler Sebastian Holme gibt dazu ein paar Beispiele: „Software scannt heute Röntgenbilder nach Tumoren, Sachbearbeiter in Krankenversicherungen werden durch intelligente „Chatbots“ ersetzt und Autos, vor zehn Jahren ins Reich der Fabel verwiesen, fahren selbststeuernd auf den Straßen“ (Sebastian Holme, „Zeitalter der Automatisierung“).

Ein weiteres, kritisches Argument kommt vom Journalisten Alexander Hagelüken. „Die Gewissheit, dass qualifizierte Berufe schon immer von der Automatisierung verschont blieben, trägt geschichtlich nicht. In der Industrialisierung entwertete die Technik immer wieder Handwerkerberufe und schuf Stellen speziell für Ungelernte“, so Hagelüken. Es „ersetzte z.B. der mechanische Webstuhl keine einfachen Arbeiter, sondern die Weber waren ausgebildete Handwerker. Als Ford 1914 für die Massenproduktion des Model T das Fließband einführte, war es auf Ungelernte abgestimmt“ (Alexander Hagelüken, „Der Mensch schafft sich ab“).

Auf der anderen Seite stehen die Optimisten, die den Wandel positiv werten.

Ein Denkansatz von Matthias Horx hat mich besonders zum Nachdenken gebracht. Großes Missverständnisse der „Neuen Arbeit“ ist die Idee, zwischen „Arbeit“ und „Leben“ ließe sich eine „perfekte Balance“ herstellen. „Erstens sind beide Bereiche nicht wirklich zu trennen: Arbeit ist Leben. Zweitens entspricht das Ideal einer „Balance“ nicht der realen Welt mit ihren Turbulenzen. Wer „halb“ arbeitet und „halb“ lebt, macht beides nicht wirklich.“ (Matthias Horx, „Fünf Thesen zur Zukunft der Arbeit“) Das klingt für mich logisch: Es gibt Zeiten in denen die Arbeit die Tage bestimmt und Zeiten, in denen die Familie, vor allem, wenn die Kinder klein sind, Flexibilität und Freiräume einfordert. Das kann man positiv sehen: Beide Bereiche können einander Kreativität, Neugier und Lebensfreude geben.

Ein überzeugender Aspekt ist immer wieder zu lesen: So wenig, wie uns die Ressourcen ausgehen (Energie ist prinzipiell unendlich erneuerbar), wird uns die Arbeit „ausgehen“. Jeder Technologieschub erzeuge gesteigerte Nachfrage und führe zu ganz neuen Bedürfnissen. Automatisierte Fabriken erzeugen Bedarf nach „High Services“ und technischer Expertise, aber auch nach „Low Services“ im Bereich von Wartung und Betreuung, so der Forscher Matthias Horx („Fünf Thesen zur Zukunft der Arbeit“).

1 **Hier siehst du den Hauptteil von Freds Rede, den du beurteilen sollst. Schreibe die Ergebnisse in dein Heft.**

a **Unterstreiche Behauptungen, Begründungen sowie Beispiele und Belege. Ist sein Hauptteil vollständig? (10 P.)**

b **Ist der Aufbau der Argumentationskette sinnvoll? (2 P.)**

c **Markiere alle Zitate mit Angabe von Autor und Quelle. (3 P.)**

d **Schreibe die Überleitungen zwischen den Argumenten als Ergänzung zum Wortspeicher (▸ Aufgabe 5, S. 23). (4 P.)**

☺ 19–16 Punkte	☺ 15–9 Punkte	☹ 8–0 Punkte
Gut gemacht!	Gar nicht schlecht, aber lies dir den Merkkasten auf der Seite 22 noch einmal genau durch.	Arbeite die Seiten 14–24 noch einmal sorgfältig durch.

Einen Prosatext interpretieren

Methode **Leitfragen für die Prüfungsaufgabe zur Interpretation eines literarischen Textes**

Diese Prüfungsaufgabe verlangt die Auseinandersetzung mit einem kurzen Text (Prosatext), der schriftlich zu interpretieren ist. Zur Kurzprosa gehören Kurzgeschichten, aber auch z. B. Fabeln, Anekdoten und Parabeln. Folgende Leitfragen helfen dir bei der Analyse des Textes:

1 Textart:
- Welche **Textsorte** liegt vor?

2 Thema/Inhalt:
- Was ist das **Thema** des Textes?
- Wie lautet die **Kernaussage?**

3 Aufbau der Handlung:
- Welche **Handlungsschritte** sind erkennbar?
- Wie sind Anfang und Schluss gestaltet?
- Gibt es einen **Höhe- bzw. Wendepunkt?** Wird **Spannung** erzeugt?
- Wird **linear erzählt** oder gibt es **Rückblenden** und/oder **Vorausdeutungen** (Zeitgestaltung)?
- **Wo** findet das Geschehen statt (Ortsgestaltung)?
- Gibt es Hinweise zum **zeitlichen Geschehen** (Zeitgestaltung)?
- Welche Bedeutung hat die **Überschrift** in Bezug zur Handlung?

4 Figuren:
- Welche **Figuren** kommen vor? Wie werden sie charakterisiert? In welcher Beziehung stehen sie zueinander? Erfährst du etwas über die Gedanken und Gefühle (innere Handlung) der Figur oder liegt der Schwerpunkt auf der Darstellung der äußeren Handlung?

5 Erzähler:
- Welche **Erzählform** (Ich-Erzähler/-in oder Er/Sie-Erzähler/-in) liegt vor? Wie wirkt dies?
- Welches **Erzählverhalten** (auktorial oder personal) liegt vor? Wie wirkt dies?

6 Sprachlich-stilistische Auffälligkeiten:
- Gibt es Besonderheiten im **Satzbau,** z. B. einfache, kurze Sätze (Parataxe) oder längere Sätze (Hypotaxe)?
- Enthält der Text **direkte/indirekte Rede?**
- Gibt es auffallende Wortarten/Fremdwörter/Fachwörter?
- Werden **sprachliche Bilder** (Personifikationen, Metaphern, Vergleiche) gebraucht?
- In welcher **Zeitform** wurde der Text verfasst?

7 Intention:
- Was will der Text **bewirken** (z. B. appellieren, unterhalten, belehren)?

Schritt 1: Den Prosatext verstehen

1 **Lies den Prosatext „Das Wiedersehen" von Gertrud Schneller aufmerksam durch. Notiere im Heft deine ersten Leseeindrücke und markiere anschließend Schlüsselwörter.**

Gertrud Schneller

Das Wiedersehen

Peters Hand zittert leicht, als er sie auf die Türklinke legt. Rascher als nötig geht er auf den hintersten, in der rechten Ecke des Cafés stehenden Tisch zu. Dann bleibt er stehen und sagt: „Ich wusste, dass ich dich hier finden werde."

Der Angeredete blickt überrascht hinter dem großen Zeitungsblatt hervor. Als er Peter sieht, lässt er das Blatt fallen und ruft: „Du! Bist du schon wieder ..." Das letzte Wort lässt er unausgesprochen. Aus Pietätsgründen[1], wie der andere vermutet.

„Drei Jahre sind lange genug", meint Peter leise.

Jean nickt, rückt den Stuhl zurecht und heißt ihn Platz nehmen.

„Trinkst du einen Schwarzen[2]?"

„Gerne."

Der Kellner kommt. Sein Blick richtet sich suchend auf den Gast. Dann plötzlich scheint ein Erinnern auf sein Gesicht zu kommen.

„Der wusste es auch, nicht wahr?", sagt Peter.

„Ach", erwidert Jean, „Kellner wissen alles. Mach dir nichts daraus."

Sie schweigen. Dann sagt Peter leise: „Bist du noch immer auf der Bank?"

„Ja."

„Ich wusste es. So sicher, wie ich wusste, dich zu dieser Tageszeit hier beim Lesen der Zeitung antreffen zu können."

„Hast du schon Arbeit?", fragt der andere.

„Ja, ja. Dafür hat man gesorgt. Morgen kann ich bereits anfangen. Und du, du bist Prokurist[3] geworden, nicht wahr?"

Jean nickt.

„Ich würde es nie mehr tun", sagt Peter leise. „Nie mehr."

Jean nickt wieder.

„Wirst du wieder bei Frau Ruegg wohnen?"

„Nein. Ich wollte. Aber sie hatte alle möglichen Ausreden, als ich heute Morgen bei ihr vorbeiging. Die wirkliche Strafe, weißt du, die kommt erst jetzt."

„Nein, nein. Das ist es sicher nicht", sagt Jean rasch. „Bedenke, es herrscht ein großer Zimmermangel."

Sie schweigen wieder. Jean zündet eine Zigarette an und spielt mit dem Blatt der Zeitung, während Peter nachdenklich in seinem Schwarzen rührt. Plötzlich blickt Jean auf die Uhr, ruft den Kellner und zahlt.

„Ich muss jetzt gehen. Verzeih, bitte. Mein Zug fährt in einer halben Stunde. Ich fahre für drei Wochen aufs Land. Meine langweilige Bronchitis, du weißt ja."

Peter wird blass. Auch der, denkt er bitter, auch der hat Ausreden. Mein einziger Freund. Er gibt Jean die Hand und wünscht ihm gute Erholung. Obwohl er nicht an diese Reise und nicht an seine Erholung glaubt.

Peter sitzt nun allein am Tisch. Seine Rechte spielt zitternd auf dem Blatt der Tageszeitung. Sein Blick ist gesenkt. Er sieht deshalb nicht, wie Jean sich bei der Tür entschlossen umwendet und auf den hintersten, in der rechten Ecke stehenden Tisch zusteuert. Erst als er dicht vor ihm steht, blickt er überrascht auf.

„Hast du etwas vergessen?", fragt Peter.

„Ja. Ich habe vergessen, dir den Schlüssel zu geben."

„Den Schlüssel. Welchen Schlüssel?"

„Den Schlüssel zu meiner Wohnung. Du kannst, solange ich weg bin, bei mir wohnen."

1 Pietät: Rücksichtnahme, Respekt

2 einen Schwarzen: Kaffee ohne Milch und Zucker

3 Prokurist: Firmenmitarbeiter mit umfangreichen geschäftlichen Handlungsvollmachten

2 **Kreuze an, welche Textsorte hier vorliegt, und begründe deine Wahl.**

A ☐ Anekdote
B ☐ Parabel
C ☐ Fabel
D ☐ Kurzgeschichte
E ☐ Romanauszug

Es handelt sich um ... ____________________________

____

____

3 **Kreuze die Aussage an, die das Thema des Textes treffend beschreibt.**

A ☐ Die Geschichte handelt von einem Mann, der einem Bekannten seine Wohnung überlässt.
B ☐ Die Geschichte handelt von zwei Freunden, die gemeinsam eine Straftat begangen haben.
C ☐ Die Geschichte behandelt den schwierigen Neuanfang für einen ehemaligen Häftling.
D ☐ Die Geschichte beschreibt die Kommunikationsprobleme zweier Freunde.

4 **Untersuche den Aufbau des Prosatextes.**

a **Gliedere den Text in Sinnabschnitte. Trage entsprechende Markierungen in den Text ein.**
b **Fasse den Inhalt der einzelnen Abschnitte als Überschrift oder in einem Satz zusammen. Schreibe im Präsens.**

Z. 1–5: Peter betritt das Café.

Z. 6– :

Z. – :

Z. – :

Z. – :

Z. – :

Z. – :

5 **In dem Prosatext gibt es einen Wendepunkt. Wo? Markiere diesen und begründe deine Wahl.**

____

____

____

____

6 Was erfährst du über die Figuren?
Markiere in unterschiedlichen Farben Textstellen, die direkt und indirekt Informationen über Peter und Jean enthalten.

Die **äußere Handlung** beschreibt das sichtbare Geschehen, den erzählten Ablauf von Ereignissen. Die **innere Handlung** spielt sich in den Gedanken und Gefühlen der Figuren ab. Auf die Innensicht der Figuren kann man manchmal nur aus der Außendarstellung schließen (Mimik, Gestik, Körperhaltung).

7 Beschreibe die innere Verfassung Peters am Anfang der Geschichte. Belege deine Aussagen mit Textstellen.

8 Der Schwerpunkt des Prosatextes liegt auf der Beziehung der beiden Figuren. Peter scheint seinen Freund gut zu kennen. Notiere hierfür drei Belege mit Zeilenangabe.

1.

2.

3.

9 Beschreibe in eigenen Worten, wie Jean auf das Wiedersehen mit Peter reagiert.

10 Erläutere mit Hilfe der folgenden Grafik, wer auf wen in dem Prosatext zugeht. Kennzeichne mit Pfeilen.

11 Für Peter scheinen die Reaktionen anderer Figuren Anspielungen auf seine Vergangenheit zu sein. Finde hierfür zwei Beispiele und notiere sie mit Zeilenangabe.

1.

2.

12 **Notiere, was der Leser über den Ort der Handlung erfährt.**

13 **Stelle die Überschrift in Bezug zum Inhalt und schreibe ein bis zwei Sätze zu ihrer Bedeutung für den Prosatext.**

14 **Bestimme das Erzählverhalten, d. h. die Perspektive, aus der das Geschehen erzählt wird. Kreuze die zutreffende Aussage an.**

A ☐ „Das Wiedersehen" wird aus der Sicht von Peter erzählt.

B ☐ In der Kurzgeschichte ist Jean der personale Erzähler.

C ☐ Das Geschehen wird aus der Sicht eines auktorialen Erzählers erzählt.

D ☐ Peter und Jean erzählen abwechselnd ihre Version des Wiedersehens.

Information **Erzählverhalten**

Beim **auktorialen** Erzählen kennt der Erzähler die Gedanken und Gefühle aller Figuren und er kommentiert das erzählte Geschehen.
Beim **personalen** Erzählen wird aus der Sicht einer der Figuren erzählt oder wechselnd aus der Sicht mehrerer Figuren. Dies kann in der Ich- oder in der Er/Sie-Form geschehen.
Beim **neutralen** Erzählen erfährt der Leser nur die Außensicht.

15 **Untersuche die sprachliche und stilistische Gestaltung des Textes. Achte z. B. auf Wortwiederholungen, auf die Verwendung von wörtlicher Rede und den Satzbau.**
a Markiere im Text sprachliche Auffälligkeiten.
b Halte deine Ergebnisse in Stichworten fest. Berücksichtige dabei auch die Wirkung der sprachlichen Mittel.

Wortwiederholungen: *„Ich wusste ...": doppelte Bedeutung → Z. 4, 25 usw.: Peters Wissen von alten Gewohnheiten; Z. 19: ...*

Nutzung von Adjektiven/Verben:

wörtliche Rede:

Auslassungen:

Schritt 2: Den Prosatext schriftlich interpretieren

Methode **Schreibplan für die Interpretation eines literarischen Textes**

Aufbau
- Nenne in der **Einleitung** den Namen des Autors / der Autorin, den Titel, die Textsorte (z. B. Fabel, Kurzgeschichte), die Quelle (falls angegeben) und das Thema bzw. die Kernaussage des Textes. Formuliere dann in eigenen Worten eine kurze Inhaltsangabe.
- Lege im **Hauptteil** die Ergebnisse deiner Texterschließung dar und stütze alle Aussagen mit geeigneten Textbelegen (Zitaten). Je nach Aufgabenstellung solltest du eingehen auf:
  - Inhalt und Aufbau (Handlung chronologisch?),
  - Figuren und ihre Beziehungen zueinander,
  - Erzähler und Erzähltechnik,
  - sprachlich-stilistische Gestaltung,
  - Merkmale der jeweiligen Textsorte.

  Beschreibe am Ende des Hauptteils die Intention des Autors.
- Nimm am **Schluss** persönlich Stellung zum Text (z. B. Inhalt, Problem) oder bewerte persönlich.

Verfasse die Analyse im **Präsens** und drücke dich fachlich angemessen aus (Fachbegriffe).

1 **Johanna hat eine Einleitung verfasst.**

a **Untersuche den Schülertext und notiere, welche Bausteine für eine vollständige Einleitung fehlen.**

Der Text von Gertrud Schneller zeigt die Schwierigkeiten eines ehemaligen Häftlings, wieder in der Gesellschaft Fuß zu fassen.

b **Schreibe die Einleitung verbessert auf.**

2 **Formuliere in eigenen Worten eine knappe Inhaltsangabe.**

Peter betritt ein Café …

Jean kehrt noch einmal um und …

3 **Im Hauptteil beschreibst du zunächst Aufbau und Inhalt des Prosatextes in einem zusammenhängenden Text. Verwende hierfür deine Ergebnisse von Aufgabe 4, Seite 28. Nutze die Formulierungshilfen.**

Formulierungshilfen

Der Leser wird unvermittelt mit dem Satz … / Die Kurzgeschichte beginnt … •
Im zweiten Erzählschritt (Z. x–y) begrüßt … / Der dritte Abschnitt von Z. x–y beschreibt … •
Anschließend … / Im darauffolgenden …

4 **Setze nun den Hauptteil mit der Charakterisierung der Hauptfiguren fort. Im Mittelpunkt steht dabei die Beziehung der beiden Figuren Peter und Jean.**

a Ergänze hierzu den folgenden Lückentext mit Hilfe des Wortspeichers.

Wortspeicher

Einzelheiten • überrascht • Z. 8 • Hauptfiguren • Satz • Angst • Äußerlichkeiten • innere Verfassung • Begrüßung

Über die beiden ______________________ erfährt der Leser nicht sehr viel. Auf eine Beschreibung von ______________________ verzichtet Gertrud Schneller. Peter wird nach drei Jahren aus der Haft entlassen und sucht seinen Freund Jean in einem Café auf. Zu Beginn der Kurzgeschichte erfährt der Leser durch die Beschreibung von ______________________, wie es um Peters ______________________ bestellt ist. „Peters Hand zittert leicht" heißt es in Zeile 1, ein Zeichen dafür, dass er unsicher und nervös ist, eventuell sogar ______________________ vor dem Wiedersehen mit seinem Freund hat. Er scheint sich aber innerlich einen Ruck zu geben und geht dann „rascher als nötig" auf den Tisch zu, an dem Jean sitzt. Für Peter scheint die Situation unangenehm zu sein, denn er spricht Jean ohne ______________________ an. Jean reagiert auf dieses Wiedersehen sehr ______________________: „Du! Bist du schon wieder ..." (______________________). Er führt den ______________________ nicht zu Ende, was darauf hinweisen könnte, dass ihm die Situation ebenfalls unangenehm ist. Jean spricht nicht aus, was er denkt. Peters Vergangenheit möchte er lieber nicht ansprechen.

b Setze die Beschreibung der Beziehung fort. Verwende dazu auch deine Ergebnisse von Seite 29.

____

____

____

____

____

____

____

____

____

____

____

____

____

5 **Die Autorin veranschaulicht die Beziehung zwischen den beiden Hauptfiguren durch die Verwendung besonderer sprachlicher Mittel und Besonderheiten im Satzbau.**
Ordne die folgenden Zitate aus dem Prosatext der jeweiligen Deutung zu.

Zitate	Deutungen
„Trinkst du einen Schwarzen?“ (► Z.14) „Gerne.“ (► Z.15)	Um das nonverbale Verhalten der Figuren zu beschreiben, benutzt die Autorin Satzgefüge.
„Du! Bist du schon wieder ...“ (► Z.8)	Kurze Dialoge kennzeichnen die Unsicherheit von Peter und Jean.
„Jean zündet eine Zigarette an und spielt mit dem Blatt der Zeitung, während Peter nachdenklich in seinem Schwarzen rührt.“ (► Z.42–44)	Mit der Auslassung wird deutlich, dass Jean nicht ausspricht, was er wirklich denkt.

6 **Der „Schlüssel“ am Ende der Geschichte hat eine metaphorische Bedeutung. Erläutere diese mit eigenen Worten.**

> Bei dem Stilmittel der „Metapher“ erhält ein Begriff eine Bedeutungsübertragung, d. h., er wird in einem neuen Zusammenhang gebraucht.

7 **Gertrud Schnellers Text ist eine Kurzgeschichte und weist typische Merkmale auf.**
Notiere jeweils in Stichworten Belege (mit Zeilenangabe) für das jeweilige Merkmal.

unmittelbarer Beginn:

bedeutsame Situation im Leben eines Menschen:

unerwartete Wende:

offener Schluss:

einfache, alltägliche Sprache:

Schritt 3: Den Schluss schreiben

1 **a** **Kreuze an, welche Intention/Absicht die Kurzgeschichte verfolgt.**

Es sind mehrere Lösungen möglich!

A ☐ unterhalten
B ☐ informieren
C ☐ nachdenklich stimmen
D ☐ warnen
E ☐ belehren
F ☐ kritisieren

b **Schreibe begründet auf, was die Kurzgeschichte zum Ausdruck bringen will.**

2 **Schließe deine Textinterpretation mit einer kurzen Stellungnahme ab. Du kannst dabei auf deine ersten Leseeindrücke (▶ Aufgabe 1, S. 27), die Kernaussage (▶ Aufgabe 3, S. 28) und deine Vermutungen zur Deutung (▶ Aufgabe 1 oben) zurückgreifen. Verwende Formulierungen aus dem Tippkasten.**

Meiner Ansicht nach ...
Meiner Meinung nach wird in dem Prosatext ...
Ich finde die Kurzgeschichte ...
Auf mich wirkt der Text ...

3 **Formuliere nun eine vollständige Interpretation in deinem Heft. Beachte den Schreibplan auf Seite 31 und verwende alle Ergebnisse deiner Textuntersuchung von Seite 28–35.**

Schritt 4: Die Textinterpretation überarbeiten

Die Kommunikation zwischen Jean und Peter verläuft nicht ohne Schwierigkeiten. Das sieht man in Zeile 22 und in Zeile 42. Dies deutet auf die Unsicherheit der beiden Figuren im Umgang miteinander hin. Wahrscheinlich trauen sich die beiden Figuren nicht auszusprechen, was sie wirklich denken. Ein weiteres Missverständnis in der Kommunikation findet sich später im Text. Jean zahlt plötzlich, weil er seinen Zug nicht verpassen möchte. Peter empfindet das als Ausrede und fühlt sich von Jean im Stich gelassen. „Auch der, denkt er bitter, auch der hat Ausreden" (Z. 50–51). Diese Enttäuschung lässt sich Peter aber nicht anmerken. Er spricht nicht aus, wie er sich in diesem Moment fühlt. Er verabschiedet sich von Jean und „wünscht ihm gute Erholung". Nur eine kleine Geste verrät, dass er innerlich wohl sehr betroffen war.	*fehlende Textbelege*

1 Überarbeite den Auszug aus einer Schülerarbeit.

a Markiere im Text fehlerhafte Stellen.

b Notiere in der Randspalte Hinweise für die Überarbeitung.

c Schreibe den überarbeiteten Abschnitt richtig auf.

2 Überarbeite deine eigene Textinterpretation mit Hilfe der Checkliste auf S. 37.

Teste dich!

Einen Prosatext interpretieren

Wolfdietrich Schnurre

Beste Geschichte meines Lebens (1978)

Beste Geschichte meines Lebens. Anderthalb Maschinenseiten vielleicht. Autor vergessen; in der Zeitung gelesen. Zwei Schwerkranke im selben Zimmer. Einer an der Türe liegend, einer am Fenster. Nur der am Fenster kann hinaussehen. Der andere keinen größeren Wunsch, als das Fensterbett zu erhalten. Der am Fenster leidet darunter. Um den anderen zu entschädigen, erzählt er ihm täglich stundenlang, was draußen zu sehen ist, was draußen passiert. Eines Nachts bekommt er einen Erstickungsanfall. Der an der Tür könnte die Schwester rufen. Unterlässt es; denkt an das Bett. Am Morgen ist der andere tot; erstickt. Sein Fensterbett wird geräumt; der bisher an der Tür lag, erhält es. Sein Wunsch ist in Erfüllung gegangen. Gierig, erwartungsvoll wendet er das Gesicht zum Fenster. Nichts; nur eine Mauer.

1 Lies den Prosatext mehrmals. Welche Aussage trifft am besten das Thema des Textes? (1 P.) ☐

In dem Prosatext „Beste Geschichte meines Lebens“ von Wolfdietrich Schnurre geht es ...

A ☐ um zwei schwerkranke Männer, die gemeinsam ein Krankenzimmer teilen.

B ☐ um unterlassene Hilfeleistung in einem Krankenhaus.

C ☐ um Menschen in Extremsituationen und ihre unterschiedlichen Verhaltensweisen.

D ☐ um den Neid eines Kranken auf seinen Bettnachbarn.

2 Stelle einen Zusammenhang zwischen dem Titel und dem Inhalt des Textes her. Schreibe in dein Heft. (2 P.) ☐

3 Benenne das zugrunde liegende Erzählverhalten und begründe deine Wahl in deinem Heft. (2 P.) ☐

4 Verfasse nun eine vollständige Textinterpretation zu Wolfdietrich Schnurres Kurzgeschichte „Beste Geschichte meines Lebens“. Nutze die Ergebnisse aus den Aufgaben 1–3. Überarbeite deinen Text mit Hilfe der Checkliste. (10 P.) ☐

Checkliste: Fit für eine Interpretation?	☺	☹
Enthält deine **Einleitung** alle wichtigen Informationen?		
Gibst du zunächst kurz den **Inhalt** wieder?		
Beschreibst du im **Hauptteil** den **Textaufbau?**		
Setzt du den **Inhalt** in Bezug zu **sprachlichen Besonderheiten** und zum Aufbau?		
Belegst du deine Aussagen mit **Beispielen aus dem Text?**		
Erläuterst du **zum Schluss die Intention der Autorin / des Autors** und nimmst **begründet Stellung?**		

Vergleiche deine Ergebnisse mit dem Lösungsheft.

☺ 15–10 Punkte	☺ 9–5 Punkte	☹ 4–0 Punkte
Gut gemacht!	Gar nicht schlecht, aber lies dir die Merkkästen auf den Seiten 26–31 noch einmal genau durch.	Arbeite die Seiten 26–36 noch einmal sorgfältig durch.

Ein Gedicht interpretieren

Methode **Ein Gedicht erschließen**

Für eine Gedichtinterpretation ist es zunächst wichtig zu verstehen, wovon es handelt und wer darin spricht. Leitfragen sind dabei:

- **Worum geht es** in dem Gedicht? Wird eine Handlung, eine Situation beschrieben oder werden Gefühle, Eindrücke, Gedanken oder eine Stimmung dargestellt?
- Was bedeutet der **Titel** des Gedichts? Welchen Bezug hat er zum Gedicht?
- Gibt es einen **lyrischen Sprecher** (lyrisches Ich/Wir) oder ist dieser im Text nicht direkt greifbar?
- Wendet sich das Gedicht an einen **Adressaten** oder eine **Adressatin?**

Schritt 1: Den Inhalt eines lyrischen Textes erschließen

1 a **Notiere nach dem ersten Lesen des Liedes der Band „Revolverheld“ spontan deine Eindrücke.**
b **Markiere auffällige Wörter oder Wortgruppen und mache dir Notizen zu deren möglicher Bedeutung.**

Die Hamburger Band *Revolverheld* wurde 2002 unter dem Namen „Manga“ gegründet. Musikalisch stehen *Revolverheld* in erster Linie für deutschsprachigen Pop-Rock.

Revolverheld

Lass uns gehen (2014)

Hallo, hallo
Bist du auch so gelangweilt,
Genervt und gestresst von der Enge der Stadt?
Bist du nicht auch längst schon müde
der Straßen, der Menschen, der Massen?
Hast du das nicht satt?

Ich kann nicht mehr atmen
Seh kaum noch den Himmel
Die Hochhäuser haben meine Seele verbaut
Bin immer erreichbar und erreiche doch gar nichts
Ich halte es hier nicht mehr aus

REFRAIN:
Lass uns hier raus
Hinter Hamburg, Berlin oder Köln
Hört der Regen auf Straßen zu füllen
Hör'n wir endlich mal wieder
Das Meer und die Wellen
Lass uns gehen, lass uns gehen, lass uns gehen

Hinter Hamburg, Berlin oder Köln
Hör'n die Menschen auf Fragen zu stellen
Hör'n wir endlich mal wieder
Das Meer und die Wellen

Reimform

Notizen

Aufforderung an ein Du, etwas zu tun

jemand wird angesprochen
rhetorische Fragen: lyrisches Ich spricht über sich
Parallelismus: Eintönigkeit

Lass uns gehen, lass uns gehen, lass uns gehen

Die Stadt frisst die Ruhe
Mit flackernden Lichtern
Schluckt Tage und Nächte in sich hinein
Gehetzte Gesichter in der drängelnden Masse
Jeder muss überall schnell sein

Zwischen den Zeilen hab ich gelesen
Dass wir beide weg von hier wollen
Wir stecken hier fest
Verschüttet im Regen
Und träumen vom Sommer in Schweden

(REFRAIN)

Lass uns hier raus
Hinter Hamburg, Berlin oder Köln
Hört der Regen auf Straßen zu füllen
Können wir endlich mal wieder
Entscheidungen fällen

(REFRAIN)

2 **Halte neben dem Text alles fest, was dir beim weiteren intensiven Lesen auffällt.**
- **a** **Ergänze hierzu die ersten Notizen.**
- **b** **Verfahre mit allen Strophen entsprechend.**

3 **Gib kurz den Inhalt jeder Strophe wieder: Die Formulierungen im Wortspeicher helfen dir dabei. Schreibe in dein Heft.**

Wortspeicher

1 lyrisches Ich ... der Stadt überdrüssig ... • 2 ... beschreibt seine Gefühle in der Stadt ... will von dort weg ... (Refrain) ... wiederholt den Wunsch, aus der Stadt zu fliehen ... irgendwo hin, aufs Land, als Meer ... • 3 ... beschreibt die Stadt und das Verhalten der Menschen ... • 4 ... es folgt keine Aktion, es bleibt beim „Träumen" ... (Refrain) • 5 Sehnsucht nach Klarheit und Ruhe, um wieder Entscheidungen fällen zu können (Refrain)

4 **Untersuche den Sprecher und den Adressaten im Lied. Notiere in deinem Heft.**
- **a** **Markiere zunächst alle Personalpronomen im Text.**
- **b** **Beschreibe dann das Verhältnis des lyrischen Ichs zum Leser/Zuhörer (siehe auch Vers 1: „Hallo, hallo").**
- **c** **Erläutere, welche Rolle die rhetorischen Fragen in der ersten Strophe spielen.**
- **d** **Stelle abschließend Vermutungen an, in welcher (Lebens-)Situation sich das lyrische Ich befinden könnte.**

Der Ausdruck **lyrisches Ich** bezeichnet den fiktiven Sprecher oder die Stimme eines Gedichts (Lyrik).

Eine **rhetorische Frage** erwartet vom Gegenüber keine Antwort, sondern unterstellt, dass die Antwort auf der Hand liegt.

5 **Erkläre die Bedeutung der letzten beiden Verse: „Können wir endlich mal wieder Entscheidungen fällen".**

Schritt 2: Sprache und Form des Gedichts untersuchen

Methode **Ein Gedicht untersuchen**

In einem zweiten Schritt untersuchst du den formalen Aufbau und die sprachlichen Mittel.

Formaler Aufbau
- Ist das Gedicht in **Strophen** (regelmäßig/unregelmäßig) und **Verse** gegliedert?
- Ist das Gedicht gereimt? Liegt eine besondere **Reimform** vor?
- Ist ein **Metrum** erkennbar (z. B.: Jambus, Trochäus, Daktylus)? Gibt es Abweichungen?

Sprachliche Mittel
- Welche **sprachlichen Bilder** (Metaphern, Personifikationen, Vergleiche) werden verwendet?
- Liegen besondere **Stilfiguren** vor, z. B.: Alliteration (Wiederholung von Anfangsbuchstaben), Parallelismus (paralleler Satzbau) oder Anapher (Wiederholung von Wörtern am Versanfang)?
- Welche Wörter oder Wortarten fallen auf? Gibt es **Wörter,** die **wiederholt** werden?

1 **Untersuche, welche formalen Gestaltungsmittel das Lied aufweist.**

a **Notiere Strophen- und Verszahl, indem du den folgenden Lückentext ergänzt.**

Das Lied besteht aus ________ Strophen á ________ bzw. ________ Versen und ________ Strophen Refrain, der nach Strophe ________ und ________ wiederholt wird.

b **Was kannst du zum Reimschema feststellen?**

____

____

____

2 **Erschließe Sprache und Stil im Lied.**

a **Markiere in der folgenden Liste die sprachlichen Mittel, die im Lied zu finden sind, und kennzeichne die Stellen am Text.**

Wortspeicher

Übertreibung • Metapher/Personifizierung • Verneinung • Alliteration • Wiederholung • Parallelismus • Klimax/Höhepunkt • Gegensatz • Lautmalerei • Aufzählung • rhetorische Frage • Verallgemeinerung

b **Lege im Heft eine Übersicht nach folgendem Muster an und notiere darin Textbelege (mit Versangabe). Benenne die Auffälligkeit oder das Stilmittel. Beschreibe auch ihre Wirkung.**

Textbeleg	Stilmittel/sprachliches Bild	Funktion und Wirkung (Deutung)
„gelangweilt" (V. 2) *„gestresst" (V. 3)* *„genervt" (V. 3)*	*Alliterationen*	*Wiederholung der Vorsilbe wirkt monoton und außerdem passiv*
„Bist du …" (V. 2, 4)	*Parallelismus*	
„der Straßen, der Menschen, der Massen" (V. 5)	*Aufzählung*	

3 **Die Sprache eines Gedichts ist immer in Verbindung mit dem Inhalt zu sehen.**
a **Suche den passenden Textbeleg (A und B) bzw. benenne das Stilmittel (C–E).**
b **Formuliere anschließend die inhaltliche Aussage der jeweiligen Textstelle in eigenen Worten.**

> Formuliere den Inhalt immer in **eigenen Worten!** Wörtliche Übernahmen musst du als Zitate mit Anführungszeichen kennzeichnen.

A genervt (V. 2, 3) sprachliches Mittel: Alliteration

Inhalt ______

B ______ (V. 2, 4) sprachliches Mittel: Parallelismus

Inhalt ______

C „Die Hochhäuser haben meine Seele verbaut“ (V. 9)

sprachliches Mittel: ______

Inhalt ______

D Die „flackernden Lichter“ (V. 24) sprachliches Mittel: ______

Inhalt ______

E „Jch halte es hier nicht mehr aus“ (V. 11) sprachliches Mittel: ______

Inhalt ______

4 **„Das lyrische Ich bezieht den Leser/Hörer direkt ein.“ – Durch welche sprachlichen Mittel gelingt ihm das? Belege mit Textbeispielen.**

Schritt 3: Eine Gedichtinterpretation verfassen

Methode **Schreibplan für eine Gedichtinterpretation**

Aufbau:
- In der **Einleitung** nennst du die Art des Textes, den Titel, den Namen des Autors / der Autorin, ggf. Hintergrundinformationen zum Autor, das Entstehungsjahr und das Thema des Textes.
- Im **Hauptteil** fasst du die wichtigsten **Ergebnisse deiner Analyse** in einer geordneten Reihenfolge zusammen: Beginne mit einer kurzen Inhaltsangabe (am besten Strophe für Strophe). Beschreibe dann den **formalen Aufbau** des Gedichts (Strophen, Verse, Reimform, Metrum) und die **sprachlichen Gestaltungsmittel.** Erläutere die Funktion und die Wirkung der Gestaltungsmittel.
- Fasse zum **Schluss** die **Gesamtaussage** des Gedichts zusammen oder beschreibe, wie das Gedicht auf dich **wirkt** oder wie es dir gefällt.

Die Textinterpretation steht immer im **Präsens.**

Die Einleitung schreiben

1 **Schreibe eine Einleitung zu deiner Textinterpretation. Nutze dazu die folgenden Formulierungsbausteine:**

Formulierungsbausteine

Das Lied „...“ von ... aus dem Jahr ... • In dem Lied mit dem Titel „...“ von ... aus dem Jahr ... • beschreibt ... • geht es um ... • wird ... dargestellt • handelt von ... • Das Lied „...“ wurde im Jahr ... veröffentlicht • Das von ... verfasste Lied „...“ thematisiert ... • beschäftigt sich mit dem Thema ...

Den Hauptteil schreiben

1 **Zu Beginn des Hauptteils fasst du den Inhalt des Gedichts zusammen. Gehe Strophe für Strophe vor und nutze deine Arbeitsergebnisse aus den Aufgaben auf den Seiten 38 und 39.**

Die erste Strophe des Liedes ... ______________________

____

____

____

____

____

____

____

____

____

____

____

____

____

____

2 **Anschließend folgt eine kurze Beschreibung des formalen Aufbaus des Gedichts. Ergänze den folgenden Lückentext. Nutze hierzu deine Ergebnisse aus Aufgabe 1, Seite 40.**

Das Lied besteht aus ______________________.

Es ist verfasst aus der Perspektive eines ______________________, das den Zuhörer direkt mit „du" anspricht (siehe oben). ____________ 1 hat ____________ Verse, Strophe ____________, ____________, ____________ und ____________ bestehen aus je 5 ____________. Es ist ____________ im klassischen Sinne vorhanden, jedoch reimen sich ____________ innerhalb der Strophen. Man kann daher von ____________ Reimen, allerdings nicht von einem durchgängigen ____________ sprechen (Str. 1: „Stadt" –„satt", Str. 2: „verbaut" – „aus", Str. 3: „hinein" – „sein", Str. 4: „gelesen" – „Regen" – „Schweden", Str. 5: „Köln" – „füllen" – „fällen").

3 **Die nun folgende Beschreibung der sprachlichen Gestaltungsmittel stellt immer wieder einen Bezug zum Inhalt her. Kennzeichne diese Bezüge im Text unten. Unterstreiche dazu mit unterschiedlichen Farben: sprachliche Mittel blau, inhaltliche Aussagen grün und Textbelege orange.**

Schon die Überschrift „Lass uns gehen" wird im Lied mehrmals wiederholt und steht für den Aufruf des lyrischen Ichs an den Leser, die Stadt gemeinsam mit ihm zu verlassen. In Strophe 1 nimmt das Lyrische Ich direkt Kontakt mit dem Leser auf („Hallo, hallo", V. 1) und möchte von diesem wissen, ob er auch so angeödet ist vom Leben in der Stadt. Dabei spricht es im Passiv und verwendet in V. 3 zwei Alliterationen „genervt und gestresst", um dem passiven Gefühl des „Gestresstseins" noch stärker Ausdruck zu verleihen. Die Anrede durch das Personalpronomen „du" wird, auch in Form eines Parallelismus, in dieser Strophe drei Mal wiederholt, um den Zuhörer mit ins Boot zu holen: „Bist du auch ..." (V. 2), „Bist du nicht auch ..." (V. 4), „Hast du ..." (V. 6). Darüber hinaus wird in den Versen 4 und 5 aufgezählt, was den Autor so müde macht: „... längst schon müde der Straßen, der Menschen, der Massen". Dabei fallen wieder Alliterationen ins Auge. Im Anschluss an diese Aufzählung wendet er sich wieder an den Leser und stellt ihm die rhetorische Frage „Hast du das nicht satt?" (V. 6).

4 **Ergänze den folgenden Lückentext zu Strophe 2 durch die Angaben im Wortspeicher. Das sind passende Zitate, Fachausdrücke oder Deutungen.**

Zitieren
Belege die Ergebnisse deiner Untersuchung mit Zitaten. Gib die genaue Verszeile an und setze die Formulierung in Anführungszeichen: „..." (V. xx). Wenn du etwas weglässt oder einfügst, musst du eine eckige Klammer setzen, z. B.: So erfährt der Leser, dass es „ihr [...] nicht besser" (V. 4) geht.

______________________ klagt zu Beginn der zweiten Strophe, dass es ______________________ und „kaum noch den Himmel" sieht. Diese ______________________ dienen der **Übertreibung** und können als **Metaphern** dafür betrachtet werden, dass es sich eingeengt und begrenzt fühlt. Damit einhergehen könnte ein ______________________ und der Unzugänglichkeit zu eigenen Gefühlen, was auch in der **Metapher** in Vers 9, „die Hochhäuser haben meine Seele verbaut", seinen Ausdruck findet. Die Ellipse „Bin immer erreichbar und erreiche doch gar nichts" (V. 10) enthält ein ______________________, gleichzeitig wird darin ein **Gegensatz** deutlich: ______________________ ______________________. Im Gegenteil, wir haben immer weniger Ruhe und neigen dazu, uns zu verzetteln, ______________________ (V. 10) zu erreichen. Dies gipfelt in dem ______________________ „Ich halte es hier nicht mehr aus" (V. 11). Diese ______________________ wendet sich, wie die Strophe insgesamt, nicht an den mit „du" angesprochenen Zuhörer, sondern dient rein dem Selbstausdruck.

Wortspeicher
Die permanente Erreichbarkeit führt nicht dazu, dass wir das Gefühl haben, wichtige Dinge bewegt zu haben • Verneinungen • Wortspiel • Klimax • „nichts" • Gefühl der Erschöpfung • „nicht mehr atmen kann" • Ausruf • Das lyrische Ich

Den Schluss schreiben

1 **Überarbeite diesen Schlussteil aus einem Schülertext. Beachte die Hinweise in der rechten Spalte und schreibe deine Änderungsvorschläge zwischen die Zeilen.**

„Lass uns gehen" von Revolverheld	Anmerkungen
Jn diesem Lied von „Revolverheld" geht es ums Stressen:	*Umgangssprache*
Der Sänger wollte hinaus aus dem Alltag und weg von oftmals sogar	*Ausdruck, Zeitform*
unwichtigen, unnützen Dingen, die uns stressen oder langweilen,	*Wiederholung, Zeichensetzung*
√ unsere Zeit fressen, hin zur Freiheit und zum guten Leben –	*√ Konjunktion ergänzen*
Handy und so weiter.	*unvollständiger Satzbau*
Wir sollten mal wieder chillen, lautet die Textaussage. Die Jungs ver-	*Umgangssprache (2x), Jnhalt! Zeitform*
anschaulichten das sehr schön durch die vielen Umschreibungen.	*Ausdruck (Fachbegriff)*
Mir gefällt dieser schöne, leicht melancholische Song über die Sehn-	
sucht nach Ruhe und Natur. Der aufmunternde Text fordert uns alle	*Ausdruck*
auf, mal wieder aus dem Alltag heraus zu treten und über den Sinn	*Umgangssprache, Sinn? Welcher?*
nachzudenken. Mir gefällt er sehr, weil ich mich gut darin wieder-	*Wiederholung*
erkennen kann.	

2 **Formuliere nun selbst einen Schluss, indem du Stellung nimmst zu dem Lied „Lass uns gehen".**
Wähle dazu geeignete Formulierungen aus dem Wortspeicher.

____

____

____

____

____

____

Wortspeicher

Zusammenfassend kann man sagen, dass das Gedicht … • Auffallend ist, dass … • Insgesamt wird deutlich, dass in dem Gedicht … • Wie oben gezeigt, unterstreichen die sprachlichen Bilder … • Meiner Meinung nach wird in dem Gedicht … • Mir hat das Gedicht gefallen / nicht so gut / nicht gefallen, denn … • Nach meiner Einschätzung …

3 **Verfasse im Heft eine vollständige Gedichtinterpretation. Greife dazu auf deine Ergebnisse der Arbeitsschritte auf den Seiten 42 bis 45 zurück.**

4 **Nutze die Checkliste zur Gedichtinterpretation in der Innenumschlagseite dieses Arbeitsheftes, um deine Gedichtinterpretation zu überprüfen und zu überarbeiten.**

Schritt 1: Den Inhalt eines Gedichts erschließen

Rose Ausländer | **Reimform** | **Notizen**

Noch bist du da (1981) — *Zeitadverbien, Gegensatz*

Wirf deine Angst
in die Luft

Bald — *Zeitadverbien, Gegensatz*
ist deine Zeit um
bald
wächst der Himmel
unter dem Gras
fallen deine Träume
ins Nirgends

Noch
duftet die Nelke
singt die Drossel
noch darfst du lieben
Worte verschenken
noch bist du da

Sei was du bist
Gib was du hast

Rose Ausländer, geboren am 11. Mai 1901 in Czernowitz, Österreich-Ungarn, gestorben am 3. Januar 1988 in Düsseldorf. Sie studierte ab 1919/1920 Literaturwissenschaft und Philosophie. Ausländer schrieb Gedichte und lebte in den USA, Österreich-Ungarn und Deutschland. Als Jüdin kam sie unter der Besetzung durch die Nazis (1941–1944) ins Getto und überlebte dort in einem Kellerversteck. Sie übersiedelte 1965 in die Bundesrepublik, reiste viel und lebte von 1970 bis 1988 im Altenheim der jüdischen Gemeinde in Düsseldorf. Die letzten zehn Jahre ihres Lebens war sie bettlägerig.

1 a **Notiere nach dem ersten Lesen des Gedichts von Rose Ausländer spontan deine Eindrücke.**
b **Halte im zweiten Schritt neben dem Text fest, was dir beim weiteren, intensiven Lesen auffällt. Markiere Schlüsselwörter. Beziehe die Hintergrundinformationen über die Autorin ein und notiere deine Beobachtungen.**

2 Welche der angebotenen Lösungen geben den Inhalt zutreffend wieder? Kreuze an.

- [ ] Das Gedicht ist ein Aufruf an den Leser, sein kurzes Leben intensiv zu leben.
- [ ] Es geht um das Leben angesichts des nahen Todes.
- [ ] In dem Gedicht sollen junge Leser aufgerufen werden, ihre Ängste zu überwinden.
- [ ] Es handelt von einem lyrischen Ich, das versucht, seine Depression zu überwinden.
- [ ] Das Gedicht ist ein Aufruf, das Leben bewusst wahrzunehmen.
- [ ] Das Gedicht ist eine Hymne an das Leben.
- [ ] Es geht darum, dass wir uns der Endlichkeit unseres Lebens bewusst werden sollen.

3 An wen wendet sich das lyrische ich? Notiere dazu Textbelege.

Schritt 2: Sprache und Form des Gedichts untersuchen

1 **Im nächsten Schritt untersuchst du Sprache und Form des Gedichts.**

a Untersuche zunächst die Form des Gedichts: Notiere Strophen- und Verszahl, benenne das Reimschema und untersuche das Gedicht im Hinblick auf mögliche Zeilensprünge und die Zeichensetzung.

Strophen und Verse: ____________________

Reimschema: ____________________

Enjambements (Zeilensprünge): ____________________

Interpunktion/Zeichensetzung: ____________________

b Lege eine Tabelle an (▶ Aufgabe 2, Seite 40) und untersuche die sprachlichen Mittel.

Schritte 3 und 4: Ein Gedicht interpretieren und die Gedichtinterpretation überarbeiten

1 **Überprüfe die folgende Gedichtinterpretation eines Schülers mit Hilfe der Checkliste zur Gedichtinterpretation in der Umschlaginnenseite dieses Arbeitsheftes.**

a Untersuche den Aufbau der Einleitung. Markiere wichtige Informationen im Text und benenne sie.

„Noch bist du da" von Rose Ausländer	**Anmerkungen**
Das Gedicht „Noch bist du da" von Rose Ausländer ist ein modernes Gedicht, das einem Lobgesang auf das Leben ähnelt. Das vorliegende Gedicht erschien 1981, zu dieser Zeit lebte die gesundheitlich eingeschränkte Rose Ausländer bereits im Altenheim der jüdischen Gemeinde in Düsseldorf. Es ist daher vorstellbar, dass das Gedicht „Noch bist du da" entstanden ist, weil sich Rose Ausländer mit dem für sie näher rückenden Tod auseinandergesetzt hat.	*Textsorte, Titel,*

b Überarbeite den Auszug aus der Inhaltsangabe. Achte auf folgende Prüfpunkte: knappe, sachliche Sprache in eigenen Worten, indirekte Rede, Präsens.

Ein lyrisches Ich richtet sich in jeder Strophe direkt an ein Du, die verbleibende Lebenszeit zu nutzen. Mit dem Du ist jeder Mensch gemeint, es kann sich jeder Leser angesprochen fühlen. Es gibt zu Beginn den Ratschlag: „Wirf deine Angst in die Luft" und meint damit, das Du solle sich von seiner Angst befreien. Denn bald ist die Zeit um, wächst der Himmel unter dem Gras und die Träume fallen ins Nirgends. Solange das Du noch lebe, könne es die Schönheit seiner Umwelt wahrnehmen und anderen Menschen mit Liebe begegnen. Zum Schluss appellierte das lyrische Ich an das Du, es selbst zu sein, sich nicht zu verstellen und anderen etwas von sich zu geben.

c **Entscheide, welchem der drei Schüler die Analyse von Form und Aufbau gelungen ist, und begründe deine Wahl.**

Alisa: *Das Gedicht besteht aus 4 Strophen à 2, 7, 6 und noch mal 2 Versen. Die Strophen eins und vier bestehen aus Aufforderungssätzen, sodass das Gedicht einen Aufforderungscharakter bekommt. Die beiden längeren Strophen bestehen aus kurzen Satzreihen, die den knappen Aufforderungscharakter noch unterstützen.*

Can: *Das Gedicht besteht aus siebzehn Versen und kann in vier Strophen, bzw. Sinnabschnitte eingeteilt werden. Strophe eins und vier rahmen eine aus sieben und eine aus sechs Versen bestehende Strophe ein. Es weist keine Reime auf, die Verslängen sind mit ein bis vier Wörtern kurz und unregelmäßig. Satzzeichen fehlen.*

Giuseppe: *Das Gedicht von Rose Ausländer besteht aus 17 Versen. Auffällig sind die vielen Zeilensprünge. Reimschema gibt es keines. Die Groß- und Kleinschreibung wurde beachtet.*

2 **Überarbeite die Beschreibung der sprachlichen Merkmale.**

a **Notiere neben dem Text Überarbeitungshinweise. Gehe dabei auf folgende Fragen ein:**
Wurden die sprachlichen Merkmale mit Beispielen aus dem Text (Zitate) belegt?
Wurden die sprachlichen Merkmale gedeutet und mit dem Inhalt verknüpft?

b **Überprüfe die Textgestaltung und schreibe den Text verbessert in dein Heft.**

Das lyrische Ich verdeutlicht seine Appelle mit verschiedenen rhetorischen Mitteln, am häufigsten ist in diesem Gedicht die Metapher zu finden. Der Leser soll seine Angst in die Luft werfen (vgl. V. 1, 2). Dass die Zeit des Lesers bald um ist, soll bedeuten, der Tod, das Ende des Lebens, rückt immer näher. Wenn der Tod über den Menschen gekommen ist, wächst der Himmel unter dem Gras, ist ebenfalls metaphorisch gemeint, ebenso wie die Träume, die ins Nirgends fallen. Diese Stelle des Gedichts ist jedoch nicht nur eine Metapher, sondern auch ein Euphemismus. Die nächste Metapher, noch darfst du lieben, „Worte verschenken" ist unsere Fähigkeit zu sprechen. Das „darf" deutet an, dass dies eine Gabe ist, für die wir dankbar sein sollten.

3 **Überprüfe die Zitierweise im folgenden Abschnitt. Schreibe deine Änderungsvorschläge über den Text.**

Der Mensch kann beispielsweise den Duft einer Blume mit seinem Geruchssinn wahrnehmen: Noch duftet die Nelke, stellvertretend für alle Pflanzen, die den Menschen umgeben. Der Gesang eines Vogels, „singt die Drossel", weist symbolisch auf alle Singvögel oder sogar die ganze Tierwelt hin. Der Mensch besitzt noch weitere Fähigkeiten, die ihn zum Menschen machen. „Noch...lieben". Damit spricht das Gedicht die Fähigkeit an ...

4 **Verfasse nun deine eigene Gedichtinterpretation. Verwende dazu deine Ergebnisse von den Seiten 46 und 47.**

a **Orientiere dich bei der Vorgehensweise an den Seiten 42–45.**

b **Überarbeite deine Gedichtinterpretation mit Hilfe der Checkliste auf der Umschlaginnenseite.**

Teste dich!

Sprachliche Mittel untersuchen

Jan Wagner (*1971)

haute coiffure[1]

der goldene schraubstock des spiegels hielt den blick:
sie mit roten nägeln, ich mit weißem
tuch bedeckt wie ein museumsstück.

dicht über meinen ohren zwitscherte
die schere. oh duftende dienerschar
von cremes und flakons! das wasser plätscherte,

doch unten rotteten[2] auf glatten fliesen
die flusen sich zusammen gegen uns,
ein stiller mob[3] mit einem alten wissen.

draußen heulten hunde, frisch geschnitten
sträubte sich mein nackenhaar,
und in mir riß der wolf an seiner kette.

Jemand sitzt vor goldenem Spiegel, dieser zieht Blick auf sich, Blick wird „eingespannt" in den „Schraubstock"-Spiegel, Person kann gar nicht anders, als sich ständig zu betrachten

kultiviert, unberührbar, ausgestellt, erst zur Eröffnung ...

1 haute coiffure = für die Mode (besonders in Paris und Rom) tonangebende, hohe Kunst des Frisierens
2 sich zusammenrotten (von größeren Menschenmengen) = sich [in Aufruhr] öffentlich zusammentun, um gegen etwas vorzugehen
3 mob = (englisch mob „aufgewiegelte Volksmenge) eine Masse aus Personen des einfachen Volkes

1 **Welches Bild entsteht vor deinen Augen? Sammle in Stichworten spontane, freie Assoziationen (Gedankenverknüpfungen) zu den markierten Textstellen. Schreibe deine Einfälle neben das Gedicht. (9 P.)**

2 **Worum geht es in diesem modernen Gedicht? Ergänze den Satz mit passenden Begriffen. (2 P.)**

Während des ________________ lässt der Autor seiner ____________ in alle möglichen Richtungen freien Lauf.

3 **Untersuche die Sprache dieses Gedichts. Verbinde die Zitate mit den passenden Überlegungen. (4 P.)**

A „duftende dienerschar [...] das wasser plätscherte" (V. 4–5)	1 Die Metapher ... ruft bei mir eine Assoziation an den „Wolf im Mann" hervor, der sich in dieser Situation, auf dem Friseurstuhl sitzend, gebannt vom „Schraubstock des Spiegels", an eine „Kette" gelegt fühlt. Es regt sich in ihm das Tierische, Ungebändigte, Ungeduldige (im Menschen schlummernde Eigenschaften, die eher Männern zugeschrieben werden).
B „sie mit roten nägeln, ich mit weißem tuch bedeckt" (V. 2/3)	2 Der Vergleich ... erinnert an ein verhülltes „Museumsstück", das geschützt und erst bei Eröffnung einem staunenden, interessierten Publikum präsentiert wird.
C „in mir riß der wolf an seiner kette." (V. 12)	3 In diesen beiden Ellipsen ... entsteht bei mir folgendes Bild von der Situation: Eine auffällig gestylte Friseurin schneidet dem mit einem weißen Umhang behängten, vom seinem eigenen Spiegelbild gebannten lyrischen Ich die Haare.
D „bedeckt wie ein museumsstück" (V. 3)	4 An den beiden Textstellen ... wird deutlich, dass man von einer Wahrnehmung der Situation mit allen Sinnen sprechen kann.

☺ 15–13 Punkte	☺ 12–8 Punkte	☹ 7–0 Punkte
Gut gemacht!	Gar nicht schlecht, aber lies die Tipps auf den Seiten 38 bis 42 noch einmal genau durch.	Arbeite die Seiten 38 bis 42 noch einmal sorgfältig durch.

Produktiver Umgang mit Texten

Methode **Einen Dramenauszug erschließen und Figuren zum Sprechen bringen**

1 Ordne die Szene in den **Handlungsverlauf** ein (sofern das gesamte Drama bekannt ist):
   – Wo steht die Szene im Drama? Was ist ihr vorausgegangen, was folgt ihr?
2 Kläre **Inhalt** und **Thema** der Szene:
   – Welche Figuren treten auf?
   – Was geschieht in der Szene? Worüber wird gesprochen?
3 Führe eine genaue **Figuren- und Gesprächsanalyse** durch:
   – Wie stehen die auftretenden Figuren zueinander (Figurenkonstellation)?
   – Wie verhalten sich die Figuren? Verändert sich ihr Verhalten im Laufe des Gesprächs?
   – Welche Gedanken und Gefühle werden deutlich (auch durch die Regieanweisungen)?
   – Wie sind die Redeanteile der Figuren verteilt? Wer ergreift die Initiative, wer reagiert?

Einen Dramenauszug erschließen

Andri ist der Sohn des andorranischen Lehrers Can und einer Frau von den „Schwarzen“, den feindlichen Nachbarn der Andorraner. Um dies zu vertuschen, hat der Lehrer Can behauptet, Andri sein ein jüdisches Kind, das er vor den judenfeindlichen Schwarzen gerettet habe und nun als Pflegesohn großziehe. Im Laufe der Jahre hat sich allerdings in Andorra selbst eine antijüdische Stimmung entwickelt. Niemand weiß von der tatsächlichen Vaterschaft Cans, weder Andri selbst noch Cans Frau noch die Tochter der beiden, Barblin. Die Dorfbewohner verhalten sich ihm gegenüber zunehmend ablehnend.

1 a **Lies die folgende Szene aus Max Frischs Drama „Andorra“.**

Max Frisch (1911–1991)

Andorra – Zweites Bild

Andri und Barblin auf der Schwelle vor der Kammer der Barblin
BARBLIN: Andri, schläfst du?
ANDRI: Nein.
BARBLIN: Warum gibst du mir keinen Kuß?
ANDRI: Ich bin wach, Barblin, ich denke.
BARBLIN: Die ganze Nacht.
ANDRI: Ob's wahr ist, was die andern sagen.
Barblin hat auf seinen Knien gelegen, jetzt richtet sie sich auf, sitzt und löst ihre Haare.
ANDRI: Findest du, sie haben recht?
BARBLIN: Fang jetzt nicht wieder an!
ANDRI: Vielleicht haben sie recht.
Barblin beschäftigt sich mit ihrem Haar.
ANDRI: Vielleicht haben sie recht ...
BARBLIN: Du hast mich ganz zerzaust.
ANDRI: Meinesgleichen, sagen sie, hat kein Gefühl.
BARBLIN: Wer sagt das?
ANDRI: Manche.
BARBLIN: Jetzt schau dir meine Bluse an!

Andorra, Deutsches Schauspielhaus Hamburg, 2006

ANDRI: Alle.
BARBLIN: Soll ich sie ausziehen? – *Barblin zieht ihre Bluse aus.*
ANDRI: Meinesgleichen, sagen sie, ist geil, aber ohne Gemüt, weißt du –
BARBLIN: Andri, du denkst zuviel!
Barblin legt sich wieder auf seine Knie.
ANDRI: Ich lieb dein Haar, dein rotes Haar, dein leichtes warmes bitteres Haar, Barblin, ich werde sterben, wenn ich es verliere.
Andri küßt ihr Haar.

Barblin: Ich geh nicht mehr aus dem Haus, damit sie mich in Ruh lassen. Ich denke an dich, Andri, den ganzen Tag, wenn du an der Arbeit bist, und jetzt bist du da, und wir sind allein – ich will, daß du an mich denkst, Andri, nicht an die andern. Hörst du? Nur an mich und an uns. Und ich will, daß du stolz bist, Andri, fröhlich und stolz, weil ich dich liebe vor allen andern.
Andri: Ich habe Angst, wenn ich stolz bin.
Barblin: Und jetzt will ich einen Kuß.
Andri gibt ihr einen Kuß.
Viele, viele Küsse!
Andri denkt.
Ich denke nicht an die andern, Andri, wenn du mich hältst mit deinen Armen und mich küssest, glaub mir, ich denke nicht an sie.
Andri: – aber ich.
Barblin: Du mit deinen andern die ganze Zeit!
Andri: Sie haben mir wieder das Bein gestellt.
Eine Turmuhr schlägt.
Andri: Ich weiß nicht, wieso ich anders bin als alle. Sag es mir. Wieso? Ich seh' nicht ...
Und warum schläfst denn du nicht?
Barblin horcht.
Andri: Was war das?
Barblin: Die Katze.
Andri horcht.
Barblin: Ich hab sie ja gesehen.
Andri: War das die Katze?
Barblin: Sie schlafen doch alle ...
Barblin legt sich wieder auf seine Knie. Küß mich!
Andri lacht.
Barblin: Worüber lachst du?
Andri: Ich muß ja dankbar sein!
Barblin: Ich weiß nicht, wovon du redest.
Andri: Von deinem Vater. Er hat mich gerettet, er fände es sehr undankbar von mir, wenn ich seine Tochter verführte. Ich lache, aber es ist nicht zum Lachen, wenn man den Menschen immerfort dankbar sein muß, daß man lebt. *Pause.*
Vielleicht bin ich drum nicht lustig.
Barblin küßt ihn.
Andri: Bist du ganz sicher, Barblin, daß du mich willst?
Barblin: Warum fragst du das immer?
Andri: Die andern sind lustiger.
Barblin: Die andern!
Andri: Vielleicht haben sie recht. Vielleicht bin ich feig, sonst würde ich endlich zu deinem Alten gehen und sagen, daß wir verlobt sind. Findest du mich feig?
Man hört Grölen in der Ferne.
Andri: Jetzt grölen sie immer noch.
Das Grölen verliert sich.
Eine andere Turmuhr schlägt.
Andri: Jetzt ist es schon wieder drei.
Barblin: Laß uns schlafen!
Andri: Ich langweile dich.
Barblin schweigt.
Soll ich die Kerze löschen? ... du kannst schlafen, ich wecke dich um sieben. *Pause.*
Da ist kein Aberglaube, o nein, das gibt's, Menschen, die verflucht sind, und man kann machen mit ihnen, was man will, ihr Blick genügt, plötzlich bist du so, wie sie sagen. Das ist das Böse. Alle haben es in sich, keiner will es haben, und wo soll das hin? In die Luft? Es ist in der Luft, aber da bleibt's nicht lang, es muß in einen Menschen hinein, damit sie's eines Tages packen und töten können ...
Andri ergreift die Kerze.
Kennst du einen Soldat namens Peider?
Barblin murrt schläfrig.
Er hat ein Aug auf dich.
Barblin: Der!
Andri: – ich dachte, du schläfst schon.
Andri bläst die Kerze aus. R

b **Welchen Eindruck hast du nach dem ersten Lesen? Notiere deine Gedanken oder auch Fragen in dein Heft.**

2 a **Ordne mit Hilfe der folgenden Textbausteine das zweite Bild in den Handlungsverlauf des Dramas ein. Streiche die jeweils falsche Aussage.**

Im *ersten/zweiten* Bild werden das *Land Andorra in den Pyrenäen / der fiktive Ort der Handlung „Andorra“* sowie *einige wenige / die wichtigsten* Figuren des Dramas vorgestellt. Andorra ist ein *dunkler/idyllischer* Ort. *Ein Pfahl / Eine Grenzschranke* kennzeichnet symbolisch *den Ortsmittelpunkt / die drohende Gefahr.* Barblin wird von dem *Soldaten/Tischler* Peider *bedrängt/verachtet* und von Andri *geliebt/vernachlässigt.* Vorurteile gegenüber Juden wie *Geldgier/Faulheit* werden *deutlich/indirekt* kritisiert. Der *Tischler/Soldat* Peider ist Andris *Rivale/Freund.* Er wirft Andri vor, er sei *feige/mutig* und müsse sich *unbeliebt/beliebt* machen, um als verlobter Jude akzeptiert zu werden. Genau diese Vorwürfe beschäftigen Andri im *zweiten/ersten* Bild des Dramas.

b **Fasse den Inhalt der Szene knapp zusammen. Nutze auch die Informationen aus dem Vorspanntext.**

In dieser Szene trifft ...

3 **Analysiere die Figuren Andri und Barblin:**
Ergänze den Fragebogen zu den beiden Figuren mit Angaben aus dem Text. Ergänze Textbelege.

Ort der Handlung:	*Schwelle ...*	
Uhrzeit der Handlung:	*bei Kerzenschein, gegen ...*	
Anlass der Begegnung:	☐ Aussprache ☐ Rendezvous ☐ Konfliktgespräch ☐ Zufall	
Analysefragen	**Andri**	**Barblin**
Was sieht man, was die Figuren tun? **Tipp:** Achte auch auf die Regieanweisungen.	*tut nichts; scheint zu ...*	*richtet sich auf; löst das Haar; ...*
Was beschäftigt die beiden Figuren? Wer redet worüber?	*PROBLEME: fragt sich, ob die ...*	*LIEBE zu Andri; sie denkt ...*
Wie fühlen sie sich?	*besorgt; ...*	*verliebt; ...*
Wie ist das Gesprächsverhalten zueinander?	*gehen kaum aufeinander ein; reden aneinander ...*	
Wo taucht eine Bedrohung der Beziehung zwischen den beiden auf?	*Andorraner; ...*	*Soldat ...*

4 **„Der äußere Konflikt entwickelt sich immer mehr zu einem inneren Konflikt."**
Kannst du dieser Behauptung zustimmen? Begründe kurz.

Einen inneren Monolog schreiben

Methode **Einen inneren Monolog schreiben**

Ein **innerer Monolog** ist ein stummes Selbstgespräch einer Figur, z. B. in einer Konfliktsituation vor einer wichtigen Entscheidung. Gehe folgendermaßen vor:

- Schreibe aus der **Ich-Perspektive** und im **Präsens.**
- Bringe widersprüchliche **Gedanken und Gefühle** so zum Ausdruck, dass sie zu den Hinweisen im Text und zum Handlungsverlauf passen.
- Formuliere in Form von Gedanken, die teilweise in **unvollständigen Sätzen** bestehen. Stelle **Fragen,** du kannst auch **Ausrufe** einbauen.
- Achte darauf, dass die **Sprache** des inneren Monologs **zur Figur passt.** Vermeide die Nacherzählung.

1 **Andri ist im Gespräch mit Barblin aufgewühlt und nachdenklich – oft wirkt er abwesend.**

a **Markiere zunächst alle Stellen im Text, an denen deutlich wird, worüber Andri nachdenkt.**

b **Was geht in Andri vor?**
Entwickle aus deinen Markierungen eine Mind-Map und ergänze jeweils die passenden Textstellen.

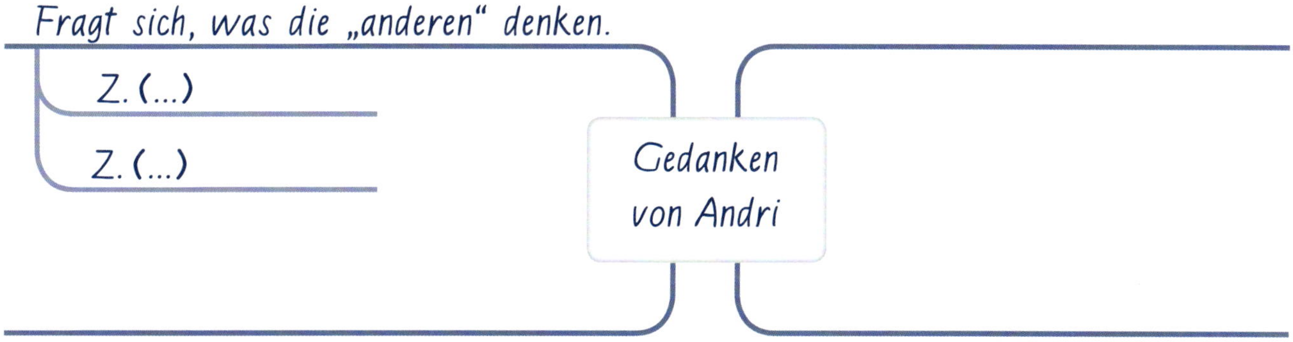

c **Fasse deine Ergebnisse kurz zusammen und erläutere, welche Bedeutung die „anderen“ für Andri haben.**

2 **Nachdem du in der Mind-Map festgehalten hast, was Andri bewegt, formuliere daraus nun Gedanken, Befürchtungen oder Fragen, die Andri sich selbst stellen könnte. Trage sie in die Gedankenblasen ein.**

Sie sehen gar nicht mich, sondern den, den sie sehen wollen.

3 a **Beschreibe Andris Stimmung mit treffenden Adjektiven und Partizipien (z. B. *bedrückt*).**

____

b **In einem inneren Monolog verwendet man Ausrufe, um die Stimmung der Figur zu vermitteln. Formuliere passende Ausrufe, die Andri verwenden würde. Beispiel: *So eine Ungerechtigkeit! Verdammt!***

4 **Ein innerer Monolog wird aus Sicht des Protagonisten in der Ich-Form verfasst. Max hat das in seinem Entwurf nicht beachtet. Überarbeite den Text.**

Ergänze möglichst auch Ausrufe, das macht den inneren Monolog lebendiger (vgl. Aufgabe 2).

Jetzt liegen Andri und Barblin beieinander. Seine Gedanken schweifen immer wieder ab, er kann den Moment nicht genießen. Er fragt sich, ob die anderen wohl recht haben mit ihren Vorurteilen. Seine Freundin ist aufgebracht und kann seine Sorgen nicht verstehen, sie versucht ihn abzulenken. Aber Andri kann an nichts anderes denken ...

Jetzt liege ich hier mit Barblin. Es könnte so schön sein, aber ich ...

5 **Welche Handlungsalternativen hat Andri, wie könnte er sich verhalten? Beurteile die folgenden Aussagen danach, ob sie aus deiner Sicht ein eher wahrscheinliches oder unwahrscheinliches Handeln Andris darstellen. Kreuze an.**

	wahrscheinlich	unwahrscheinlich
A Er könnte die negativen Gedanken verdrängen und schlafen.	☐	☐
B Er könnte in Selbstzweifel versinken und Barblin verlassen.	☐	☐
C Er könnte das Gespräch mit den Eltern suchen.	☐	☐
D Er könnte die „anderen" zur Rede stellen.	☐	☐
E Er könnte mit Barblin davonlaufen.	☐	☐

6 **Barblin schläft am Ende der Szene ein – Andri denkt über seine Situation und das Gespräch mit seiner Geliebten nach. Formuliere aus Andris Sicht einen kurzen inneren Monolog und bringe darin mögliche Gedanken und Gefühle zum Ausdruck. Schreibe ins Heft und nutze die Teilergebnisse aus den vorausgegangenen Aufgaben.**

Einen Brief aus Sicht einer literarischen Figur schreiben

Methode **Einen persönlichen Brief aus Sicht einer literarischen Figur schreiben**

Das Verfassen eines persönlichen Briefes aus der Sicht einer literarischen Figur hilft, ihre Situation besser zu verstehen. Gehe folgendermaßen vor:
- Kläre die **äußere Situation des Verfassers:** In welcher Lage befinden sich die Figuren?
- Kläre die innere Situation: Was denkt der Verfasser? Wie fühlt er sich?
- Lege mit Blick auf die Schreibaufgabe **das Schreibziel** des Verfassers / der Verfasserin fest und mache das Anliegen deutlich.
- Nimm beim Schreiben **den Adressaten** des Briefes **in den Blick.**
- Versetze dich in die Situation der Figur und verwende ihre Sprache.
- Berücksichtige **formale Merkmale** des Briefes (Ort, Datum, Anrede, Grußformel, Schluss).
- Setze bewusst **sprachliche Stilmittel** wie Wiederholungen, rhetorische Fragen usw. ein. Vermeide die Nacherzählung.

1 **Lies den folgenden Auszug aus Grit Poppes Roman „Weggesperrt".**

Grit Poppe

Weggesperrt (Auszug)

Grit Poppe, Potsdam 2010

DDR 1988: Anjas Mutter stellt einen Ausreiseantrag aus der DDR und wird daraufhin von der Stasi[1] verhaftet. Die 14-jährige Anja wird zunächst in ein Durchgangsheim und später in einen Jugendwerkhof in Torgau, eine Einrichtung der Jugendhilfe[2], gebracht. Die Erzieher dort gebieten mit Willkür[3], unter den Jugendlichen herrscht Gewalt und Gefühlskälte.

Es war ein rostroter Backsteinbau und Anja kam es so vor, als hätte das Haus Zähne. Ihr Herz setzte einen Moment aus, dann schlug es in rasendem Tempo weiter. *Gitter!* Vor jedem Fenster *Gitter!* Anja wandte den Blick ab. *Also doch,* dachte sie. *Also doch.* Als sie aus dem Wagen stieg, strauchelte sie und taumelte ein Stück zur Seite. Ihr war plötzlich schwindlig. Der Fahrer griff nach ihrem Arm. Um ihr zu helfen? Um zu verhindern, dass sie davonlief? Er packte hart zu, so hart, dass das Rot der Ziegelsteinmauer vor ihrem Blick verschwamm. Sie hörte einen Schlüssel, der sich im Schloss drehte. Kam sie jetzt in den Knast? Sie betrachtete ihre Füße, die mit ihr Schritt für Schritt liefen. Wohin? Was passierte hier mit ihr? [...] „Neuzugang: Anja Sander." Der Fahrer knallte ihren Personalausweis und ihr Sozialversicherungsheft auf den Tisch. Eine Frau mit strohblonden Locken nickte flüchtig und nahm die Papiere, ohne aufzusehen. „Wieso?", fragte Anja. Die Frau streifte Anja mit einem gleichgültigen Blick. „Wieso was?" „Wieso bin ich hier?" Die Frau zog die Augenbrauen hoch. Dann schnaubte sie wie ein Pferd. Anja war sich nicht sicher, ob das ein Lachen sein sollte. [...] „Mädchen, das wirst du wohl besser wissen als ich, weshalb du hier stehst", sagte die Frau

1 Stasi = eigentlich „Ministerium für Staatssicherheit": Geheimdienst der DDR
2 Jugendwerkhof: Spezialheime für (im Sinne der DDR-Pädagogik) „schwer erziehbare" Jugendliche
3 Willkür: ein Verhalten, das Recht missachtet und an eigenen Interessen orientiert ist

vorwurfsvoll. Anja schüttelte zögernd den Kopf. Die Frau seufzte. Sie legte eine leere Plastikhülle auf den Tisch. „Da kommen jetzt erst mal deine persönlichen Sachen hinein“, sagte sie. Anja rührte sich nicht. Sie starrte die Frau ungläubig an. Sie war blass, so blass, als hätte sie das letzte halbe Jahr keinen einzigen Sonnenstrahl abbekommen. „Nun mach schon! Uhr, Schlüssel, Kette, Portemonnaie ... Das brauchst du hier alles nicht.“ [...] „Wieso?“, fragte sie wieder. Die Frau schnaufte. „Ist das zu fassen? Willst du gleich am Anfang Ärger machen? Du weißt wohl nicht, wo du hier bist?!“ Anja schüttelte den Kopf. „Wo bin ich?“, fragte sie. Die Frau legte den Hals schief wie ein Vogel, der auf Futter wartet, und musterte Anja. „Du weißt es wirklich nicht, stimmt's? Ist wohl das erste Mal, was? Du bist in einem D-Heim, Mädel. In einem Durchgangsheim der Jugendhilfe. Keine Sorge, das ist nur eine Übergangsstation. Wie der Name schon sagt. Von hier geht es bald weiter für dich. Hier wirst du nur zwischengelagert.“ Die Frau lachte. „Wohin ...?“, fragte Anja und schluckte. „Wohin soll ich gebracht werden?“ Die Frau zuckte mit den Schultern. „Das habe ich nicht zu entscheiden.“ [...]

„Mitkommen!“ sagte die Frau. Sie ging eilig einen Flur entlang und Anja folgte ihr. Es roch nach Chemie und der Boden glänzte feucht, als wäre er gerade geputzt worden. Von irgendwo hörte sie Kinderstimmen. Gäbe es die Gitter nicht, man könnte denken, es wäre ein Ferienlager, versuchte Anja sich zu beruhigen. Aber ihr Herz sprach eine andere Sprache. Es wummerte in einem nervösen Takt. Sie presste die Sachen an sich, die ihr die merkwürdige Frau gegeben hatte: Nachthemd, Bettzeug und Arbeitsanzug. Der Duft nach frischer Wäsche beruhigte sie etwas. Die Frau blieb stehen, klimperte mit dem Schlüsselbund und schloss die Tür auf. Mit einem Nicken bedeutete sie Anja einzutreten. Es war ein Schlafsaal. Anja blickte von einem Doppelstockbett zum nächsten. In einer der Schlafstätten sah sie ein Mädchen. Sie lag von ihnen abgewandt, mit dem Gesicht zur Wand und bewegte sich nicht. Nur ihr Kopf war zu sehen, braune lockige Strähnen. Ansonsten gab es in dem Zimmer nicht viel zu entdecken: Schränke, ein Eimer nahe der Tür.

Die Frau rüttelte an einem der Metallgestelle, als wollte sie prüfen, ob es stabil genug sei. „Hier wirst du schlafen. Untere Etage. Bau schon mal dein Bett. Aber ordentlich, ja? Schluderei dulden wir hier nicht!“ Die Frau wandte sich zum Gehen. „Frau Gabler, deine zuständige Erzieherin, wird gleich kommen und dich einweisen.“ Anja nickte. Sie konnte es kaum erwarten, die komische Frau von hinten zu sehen. Der Schlüssel drehte sich im Schloss. Anja stand einen Moment einfach nur still da und hörte zu, wie sie eingeschlossen wurde. Wie ein Tier, das ausbrechen kann, dachte sie. Wie ein Raubtier. Durch das vergitterte Fenster fiel etwas Licht. Der Tag verabschiedete sich bereits. Anja war froh allein zu sein und fühlte sich gleichzeitig alleingelassen. Wo war ihre Mutter jetzt? Wieso konnte sie nicht kommen und sie abholen? Jemand würde ihr doch sagen, wohin man Anja gebracht hatte, oder? Sicher war alles nur ein Missverständnis. *Ein vollkommen idiotisches Missverständnis.* [...]

Aber ihr normales Leben war vorbei. *Ein für alle Mal vorbei,* wie ihr plötzlich klar wurde. Selbst wenn sie hier morgen wieder herauskam, würde nichts sein wie vorher. Sie war verschleppt worden, einfach so. [...] Verfrachtet in einen Käfig.

2 **Welchen Eindruck hast du nach dem Lesen? Notiere deine Gedanken oder auch Fragen.**

3 a **Lies den Informationstext mit Informationen zum zeitgeschichtlichen Hintergrund des Romans.**

Information – zeitgeschichtlicher Bezug zum Jugendroman „Weggesperrt"

Die Handlung des Jugendromans „Weggesperrt" spielt in der Deutschen Demokratischen Republik (DDR) im Jahre 1988. Deutschland war zu diesem Zeitpunkt noch in zwei Staaten geteilt – die Bundesrepublik im Westen und die DDR im Osten. Die Menschen in der DDR wurden von ihrem Staat überwacht und unterdrückt. Verantwortlich dafür war das Ministerium für Staatssicherheit, das einen eigenen Geheimdienst unterhielt, die „Stasi". Politisch angepasste Bürger konnten in der DDR Karriere machen. Wer aber dem Staat und seiner Überwachung kritisch gegenüberstand, wurde unterdrückt und teils verfolgt. Eine Ausreise oder Flucht aus der DDR in den Westen (z. B. in die Bundesrepublik) war kaum möglich. Wer dennoch einen Ausreiseantrag stellte oder bei der Flucht aufgegriffen wurde, dem drohten teils harte Strafen, z. B. Berufsverbot oder Haft. Auch Angehörige mussten dann mit Bestrafungen rechnen: Wie im Roman „Weggesperrt" wurden beispielsweise Kinder von Ausreisewilligen oder Flüchtigen in spezielle Heime, die sogenannten Jugendwerkhöfe, gebracht, in denen sie zu „Staatstreue" erzogen werden sollten.

Erst im Jahr 1989 mit dem Mauerfall befreiten sich die Bürger der DDR von diesem Unrechtssystem.

b **Worum geht es in dem Auszug? Setze die historischen Informationen in Bezug zum Romanausschnitt. Vervollständige die folgenden Satzanfänge.**

Ausgangspunkt der Geschichte ist, dass Anjas Mutter in der DDR …

Die Stasi verhaftet Anjas Mutter aufgrund des Ausreiseantrags, weil …

Anja wird in ein Durchgangsheim gebracht, in diesen Einrichtungen sollten …

Jugendlichen drohten in den Jugendwerkhöfen …

4 **Kläre die Situation der Protagonistin Anja in dem Romanauszug.**
a **Notiere am Rand des Textes deine Gedanken, Fragen und Kommentare.**
b **Markiere in verschiedenen Farben, was du über die äußere und innere Situation der Protagonistin erfährst.**
c **Vervollständige die nachfolgende Tabelle mit Hilfe deiner Markierungen und Kommentierungen.**

Anjas Situation in den ersten Kapiteln von „Weggesperrt“	
äußere Situation	**innere Situation**
In welcher Situation befindet sich Anja? __________ __________ __________	Was denkt oder fühlt Anja (Erinnerungen, Gefühle, Hoffnungen, Befürchtungen ...)? __________ __________ __________ __________ __________
Wie kam es dazu? __________ __________ __________	In welcher Stimmung befindet sie sich? __________ __________ __________
Welche Figuren sind an der Situation beteiligt? __________ __________	Welche Möglichkeiten hat sie? __________ __________ __________
Was hast du über diese Figuren erfahren? __________ __________ __________	

5 **Anja vermisst ihre Mutter und fragt sich, was wohl mit ihr geschehen ist, wo sie jetzt ist. Sie beschließt, ihr einen Brief zu schreiben ...**
a **Lege das Schreibziel / das Anliegen der Verfasserin fest.**

Jn der aktuellen Situation will Anja ...

____

Für die Zukunft verbindet Anja mit dem Brief die Hoffnung ...

____

b **Nimm den Adressaten in den Blick. Welche Fragen könnte Anja an ihre Mutter formulieren? Was könnte die Mutter besonders interessieren? Schreibe in dein Heft.**

6 **In einem persönlichen Brief aus Sicht einer literarischen Figur gibt man auch das Geschehen wieder. Achte dabei darauf, in eigenen Worten zu formulieren. Gib die Aussagen der Frau aus Anjas Sicht in indirekter Rede wieder oder umschreibe sie. Ergänze die Satzanfänge.**

„Mädchen, das wirst du wohl besser wissen als ich, weshalb du hier stehst.“

Die Frau bei der Heimanmeldung herrschte mich an, dass ich wohl ...

„Keine Sorge, das ist nur eine Übergangsstation. [...] Von hier geht es bald weiter für dich. Hier wirst du nur zwischengelagert.“

Sie eröffnete mir, dass das hier ...

„Bau schon mal dein Bett. Aber ordentlich, ja? Schluderei dulden wir hier nicht!“

Sie befahl mir ...

7 **Lies die folgenden Briefanfänge. Welcher Einstieg ist inhaltlich und sprachlich passend gestaltet, sodass er von Anja verfasst sein könnte? Begründe deine Ansicht. Deine Ergebnisse aus den Aufgaben 3–6 können dir helfen.**

Briefanfang A:

Als ich das Heim erreichte, sah ich überall Gitter! Also doch, dachte ich. Also doch. Ich stieg aus dem Wagen und strauchelte. Mir war plötzlich so schwindelig. Der Fahrer nahm meinen Arm, allerdings blieb unklar, ob er mir helfen oder mich am Davonlaufen hindern wollte. Sein Zugriff erfolgte jedenfalls so hart, dass mir der Blick verschwamm. Ich konnte nur meine Füße betrachten, die Schritt für Schritt liefen - nur wohin? Mir war nicht klar, was hier mit mir geschah ... „Neuzugang: Anja Sander,“ blaffte der Fahrer bei der Heimanmeldung und knallte meine Papiere auf den Tisch ...

Briefanfang B:

Mama, du kannst dir kaum vorstellen, was ich erlebt habe: Nach der langen Fahrt, dem Hoffen und Bangen war die Ankunft im Durchgangsheim ein Schock! Gitter! ... überall Gitter! Oh mein Gott, das sah aus wie in einem Gefängnis! Ich verlor den Boden unter den Füßen ... alles lief ab wie in Trance. Gefühlstaub stolperte ich hinter dem Fahrer her, der mich mit knappen Worten bei der Pforte als Neuzugang anmeldete ... Alles hier war zackig, militärisch. Oh, Mama, alles hier machte mir so fürchterlich Angst! Aber es kam noch schlimmer ...

8 **Formuliere nun einen persönlichen Brief Anjas an ihre Mutter.**
Versetzte dich in Anja hinein und lege in dem Brief die Ereignisse der ersten Stunden im Durchgangsheim dar.

Ort, Datum

Anrede
Liebe Mama,

Brieftext

Grußformel + Unterschrift

Teste dich!

Einen persönlichen Brief aus Sicht einer literarischen Figur verfassen

1 **Welche Merkmale haben die unterschiedlichen Schreibformen „innerer Monolog“ und „persönlicher Brief“? Ordne die Kriterien aus dem Wortspeicher nach Form und Sprache richtig zu. Doppelte Zuordnungen sind möglich. (12 P.)**

Wortspeicher

~~Ich-Form~~ • rhetorische Fragen • an niemanden direkt gerichtet • Anrede • direkt an jemanden gerichtet • Grußformel • Sicht des Absenders einnehmen • Ort • Empfänger mit einbeziehen • Datum • stummes Selbstgespräch • unvollständige Sätze

innerer Monolog		persönlicher Brief	
Form	Sprache	Form	Sprache
Ich-Form			

2 **Überprüfe deinen selbst verfassten Brief aus Aufgabe 7 mit Hilfe der folgenden Checkliste. Gib dir für jeden berücksichtigten Aspekt der Checkliste einen Punkt. (8 P.)**

Checkliste: Fit für die Erstellung eines persönlichen Briefes	☺	☹
Verwendest du eine passende Anrede für den Adressaten?		
Formulierst du den Anlass und das Anliegen des Briefes deutlich?		
Wird aus dem Text klar, welches Schreibziel du mit deinem Brief verfolgst?		
Hast du Gefühle und Gedanken des Verfassers formuliert?		
Beziehst du den Adressaten mit ein (z. B. mit Hilfe von Fragen)?		
Passt die Sprache des Briefes auch zu der Figur?		
Nutzt du sprachliche Mittel für die Gestaltung des Briefes (z. B. Ausrufe, rhetorische Fragen)?		
Wurden die formalen Kriterien beachtet: Ort, Datum, Anrede, Brieftext, Grußformel?		

Vergleiche deine Ergebnisse mit dem Lösungsheft.

☺ 20–16 Punkte	☺ 15–8 Punkte	☹ 7–0 Punkte
Gut gemacht!	Gar nicht schlecht, aber lies dir die Merkkästen auf den Seiten 53–55 noch einmal genau durch!	Arbeite die Seiten 53–60 noch einmal sorgfältig durch!

Das kann ich schon! – Grammatik

1 a Ergänze in der Sprechblase die richtigen Formen. (2 P.)

Der Konjunktiv II und das „Ei des Kolumbus"

So erzählt es eine Anekdote: Nach seiner Rückkehr aus Amerika wird Kolumbus 1493 während eines Essens bei Kardinal Mendoza vorgehalten, es sei ja ein Leichtes gewesen, die „Neue Welt" zu entdecken, es hätte dies schließlich auch jeder andere vollführen können. Daraufhin verlangt Kolumbus von den anwesenden Personen, ein gekochtes Ei auf die Spitze zu stellen. Trotz vielerlei Versuche schafft es jedoch keiner der Anwesenden, diese Aufgabe zu erfüllen, vielmehr ist man von der Unlösbarkeit dieser Aufgabe überzeugt. Kolumbus aber, darum gebeten, es selbst zu versuchen, schlägt das Ei mit der Spitze auf den Tisch, sodass dieses leicht eingedrückt ist und so stehen bleibt. Auf den Protest der Anwesenden, dass auch sie dies gekonnt hätten, antwortet Kolumbus …

„Der Unterschied ist, meine Herren, dass Sie es ______________ (haben) tun können,

ich hingegen ______________ (haben) es getan."

b Markiere die Stellen, in denen im Text der Konjunktiv I (blau) und der Konjunktiv II (rot) verwendet werden. (3 P.)

c Trage vier Verben des Textes in die Tabelle ein. Bilde die fehlenden Formen. (4 P.)

Indikativ	Konjunktiv I	Konjunktiv II	würde-Ersatzform
die Anekdote erzählte …	*erzähle*	*erzählte*	*würde erzählen*
schafft			

2 Kreuze für die unterstrichenen Verben an: Indikativ, Konjunktiv I oder Konjunktiv II? (4 P.)

	Indikativ	Konjunktiv I	Konjunktiv II
A Anekdoten über berühmte Persönlichkeiten gibt es sehr viele.	☐	☐	☐
B Nur sehr selten beruhen sie jedoch auf wahren Begebenheiten.	☐	☐	☐
C Aber wie oft zu lesen ist, so sei es auch nicht wichtig, ob diese wahr oder doch nur erfunden seien.	☐	☐	☐
D Was wäre die Welt doch auch langweilig, wenn wir immer nur an die Wahrheiten glauben würden.	☐	☐	☐

3 a **Unterstreiche in der Anekdote über den Preußenkönig Friedrich den Großen die Personalformen des Verbs. (16 P.)**
b **Unterstreiche in jedem Satzgefüge den Nebensatz. (8 P.)**
c **Setze in den Sätzen A bis E die fehlenden Kommas an der richtigen Stelle. (5 P.)**
d **Kreuze in diesen Sätzen ebenfalls an, um welche Art von Nebensatz es sich handelt. (5 P.)**
e **Füge in den Sätzen F bis H jeweils passende Konjunktionen aus dem Wortspeicher ein. (3 P.)**

	Adverbialsatz	Relativsatz	Infinitivsatz
A Eines Abends traf der Preußenkönig Friedrich II. im Empfangssaal seines Schlosses auf einen Mann der eine wertvolle Bronzeuhr von der Wand herunterzuheben versuchte.	☐	☐	☐
B Als dieser den König kommen sah unterbrach er sofort seine Tätigkeit und grüßte ihn ehrfurchtsvoll.	☐	☐	☐
C Friedrich hielt den Mann für einen Uhrmacher der den Auftrag zur Reparatur der Uhr hatte.	☐	☐	☐
D Der König stieg sogar auf einen Stuhl um dem vermeintlichen Handwerker zu helfen.	☐	☐	☐
E Nachdem dieser das kostbare Stück unter den Arm genommen hatte verbeugte er sich dankbar und verließ den Saal.	☐	☐	☐

F Am nächsten Tag meldete der Haushofmeister dem König, ____________ die Bronzeuhr aus dem Empfangssaal gestohlen worden sei, ____________ der Dieb bereits gefasst sei.

G ____________ der Haushofmeister jedoch nach der Bestrafung des Täters fragte, lächelte der König nur.

H Man solle ihn getrost laufen lassen, ____________ er ja selbst beim Stehlen mitgeholfen habe.

Wortspeicher
da • wobei • dass • als

4 a **Markiere die Sätze oben, in denen die indirekte Rede verwendet wurde. (2 P.)**
b **Forme diese Sätze in die direkte Rede um. (2 P.)**

____

____

____

5 a **Überprüfe deine Lösungen mit Hilfe des Lösungsheftes. Für jede richtige Antwort bekommst du einen Punkt.**
b **Trage ein, wie du die Aufgaben bewältigt hat: ✓ = das Meiste richtig ? = noch etwas unsicher.**

Aufgabe	1 ☐	2 ☐	3 ☐	4 ☐
weitere Übungen	Seite 64	Seite 64–67	Seiten 69–70	Seite 64–67

Redewiedergabe richtig formulieren

Der Konjunktiv I

Information **Der Konjunktiv in der indirekten Rede**

Indikativ (Wirklichkeitsform) und **Konjunktiv** (Möglichkeitsform) sind die beiden Aussageweisen des Verbs (Sg.: Modus; Pl.: Modi), z. B.:
Indikativ: *Er ist wunschlos glücklich.*
Konjunktiv: *Mögest du glücklich werden.*
Es gibt zwei Formen des Konjunktivs: Konjunktiv I und Konjunktiv II.
Die Formen des **Konjunktivs I** werden vom Infinitiv abgeleitet. Ihr besonderes Kennzeichen ist, dass die Endungen ein **e** enthalten.

Infinitiv	**Indikativ Präsens**	**Konjunktiv I**
wünsch-en	*er wünsch-t*	*er wünsch-e*

Der Konjunktiv I wird verwendet, ...
- um einen Wunsch oder eine Aufforderung auszudrücken (z. B. *„Er lebe hoch!" „Es möge dir gelingen!"*).
- in der direkten Rede.

1 **Zum Aufwärmen: Ergänze die fehlenden Formen im Konjunktiv I:**

1. Person Singular	Ich sei	1. Person Plural	
2. Person Singular	Du ...	2. Person Plural	
3. Person Singular		3. Person Plural	
1. Person Singular		1. Person Plural	
2. Person Singular		2. Person Plural	Ihr müsset
3. Person Singular		3. Person Plural	

2 **a** **Wage zu träumen! Setze dazu die Verben in der Konjunktivform ein.**

W Sei ______ (sein) es, wie es sei ______ (sein).

______ (haben) den Mut, deinen eigenen Verstand zu nutzen!

______ (bewahren) immer die Ruhe, egal, was auch ______ (kommen)!

______ (wagen) es nur!

______ (kommen), was ______ (wollen)!

______ (mögen) du immer die Kraft haben, mutig zu bleiben!

b **Schreibe neben jede Sprechblase, was der Konjunktiv jeweils ausdrückt – Wunsch (W) oder Aufforderung (A)?**

Der Konjunktiv II und seine Ersatzform

Information **Der Konjunktiv II**

Der **Konjunktiv II** wird in der Regel vom **Indikativ Präteritum** des Verbs abgeleitet.
Bei unregelmäßigen Verben werden **a, o, u, au** im Wortstamm zu **ä, ö, ü, äu.**
Häufig wird ein **e** eingefügt, z. B.: *„ich schlief“* → *„ich schliefe“, „du fuhrst“* → *du führest“, „du zogst“* → *„du zögest“.*
Der **Konjunktiv II** drückt aus, dass man **eine Aussage anzweifelt,** weil man sie **nicht für wirklich, nicht wahrscheinlich** oder **nicht erfüllbar hält,** z. B.: *„Ach, wäre ich doch Millionär!“*
Mit dem **Konjunktiv II** lässt sich auch **ein Wunsch** formulieren, z. B.: *„Wenn doch nur die Sonne schiene!“*
Er dient oft als **Ersatzform für den Konjunktiv I,** wenn dieser nicht vom Indikativ zu unterscheiden ist.

1 a **Unterstreiche in den folgenden Sätzen die vorhandenen Konjunktivformen.**
b **Ergänze die Sätze mit deinen eigenen Wünschen.**

Hätte ich schon den Autoführerschein, dann

______

______

______

Wenn ich mir einen Beruf wünschen könnte, dann

______

______

______

Hätte ich eine Million Euro, dann

______

______

______

Wenn ich mit der Schule fertig wäre, dann

______

______

______

Wenn ich bereits volljährig wäre, dann

______

______

______

2 a **Alles (noch) nicht wirklich! Aufgepasst: Streiche die falsch gebildeten Formen durch.**

A Ich hätte/habe nichts dagegen, wenn man etwas unternehme/unternähme.

B Wenn jetzt Sommer wäre/sei/ist/, dann schwämme/schwimme/schwömme ich jetzt im Meer.

C Wüsste/wisse/weiß ich mehr, verstände/verstünde ich mehr, begreife/begriffe ich mehr.

D Hieltest/hieltst du mich für begabt, zeichne/zeichnete ich häufiger.

b **Wähle aus den Sätzen A bis D drei Sätze aus und wandle diese in angemessene „würde“-Formen um. Schreibe in dein Heft.**

Wenn der **Konjunktiv II** auch im Textzusammenhang nicht vom Indikativ Präteritum zu unterscheiden ist, verwendet man meist die **Umschreibung mit würde.** Dies ist bei allen regelmäßigen Verben und teilweise auch bei den unregelmäßigen Verben der Fall, z. B.:
Sie redeten (Indikativ Präteritum) → *sie redeten* (Konjunktiv II) → *sie würden reden.*

Wörtliche Rede wiedergeben

Information **Formen der Redewiedergabe (I)**

Es gibt verschiedene Möglichkeiten, **Aussagen Dritter wiederzugeben:**
- **wörtliche Rede:** *Der Wissenschaftler sagt: „Unser Arbeitsleben verändert sich."*
- **indirekte Rede mit Konjunktiv I:** *Der Wissenschaftler sagt, unser Arbeitsleben verändere sich.*
- **indirekte Rede mit Konjunktiv II** (wenn der Konjunktiv I genauso lautet wie der Indikativ) oder **Umschreibung mit „würde":** *Der Wissenschaftler sagt, die Menschen müssten sich dieser Entwicklung anpassen.*
- **dass-Satz im Konjunktiv oder Indikativ:** *Er sagt, dass sich das Arbeitsleben verändert/verändere.*
- **Infinitivsatz:** *Man darf keine Angst davor haben, in die Zukunft zu blicken.*
- **Redebericht:** *Er berichtet über die Veränderungen im Arbeitsleben.*

1 a **Im folgenden Lückentext sind wesentliche Aussagen in unterschiedlichen Formen der Redewiedergabe umformuliert worden. Setze die Verben in Klammern dazu in die passenden Formen ein.**

1 Die Reporterin Miriam Hoffmeyer interviewte für die Süddeutsche Zeitung (SZ) drei Experten zum Thema „Arbeit 4.0". 2 Zu Beginn ihres Interviews wirft sie die These auf, dass die Digitalisierung der Welt ja oft auch als vierte industrielle Revolution *bezeichnet würde* (wird bezeichnet). 3 Nach der Erfindung der Dampfmaschine, des Fließbandes und des Computers, so behauptet sie, ________ die Digitalisierung viele Arbeitsplätze ________ (überflüssig machen). 4 Die Experten stellten daraufhin jeweils ihre eigenen Prognosen vor. 5 Alle ________ sich darüber einig (sein), dass immer ein Konflikt zwischen Bewahrung des Bewährten und den Möglichkeiten der Veränderung ________ (bestehen). 6 Dennoch ________ (bietet) jede Veränderung auch Chancen. 7 Man ________ sich einig darin (sein), die Chancen mehr in den Vordergrund ________ (rücken) 8 Professor Kagermann beruhigt: „Auch künftig wird es keine Fabriken ohne Menschen geben."

b **Um welche Form der Redewiedergabe handelt es sich in den Sätzen oben? Schreibe die verwendete Form auf!**

Satz	Form der Redewiedergabe	Satz	Form der Redewiedergabe
2	________	5	________
3	*indirekte Rede mit Konjunktiv I*	6	________
4	________	7	________

2 **Formuliere den achten Satz in die indirekte Rede um.**

____

____

Korrektes Zitieren

Information **Formen der Redewiedergabe (II)**

Weitere Formen der Redewiedergabe sind ...
- die **direkte (wörtliche) Rede,** z. B.: *Der Experte sagt: „...“*
- das **Zitat,** das in den eigenen Satz integriert wird, z. B.: *Der Experte behauptet, dass „...“ sei.*
  Auslassungen innerhalb eines Zitates werden mit [...] gekennzeichnet.
  Das Zitat wird jeweils mit dem Zusatz „zit. n. + Quellenangabe“ versehen.
- die **Paraphrase (Umschreibung),** z. B.: *Der Experte erläutert, dass ...*
  Die Paraphrase wird jeweils mit dem Zusatz „vgl. + Quellenangabe“ versehen.

Roboter, übernehmen Sie!

SZ: „In Zukunft sollen Maschinen untereinander und mit dem Internet vernetzt sein und intelligente Roboter einen Großteil der menschlichen Arbeit übernehmen. Ist diese Entwicklung unausweichlich?“

Prof. Henning Kagermann:
„Ohne eine weitere Automatisierung und Digitalisierung wird die deutsche Industrie ihre Wettbewerbsfähigkeit und ihr Produktionsvolumen nicht erhalten können. Wenn wir nichts tun, gehen also auf jeden Fall Arbeitsplätze verloren.“

Inga Burk:
„Die Abläufe werden immer effizienter[1], die Verknüpfung von Informationen und Prozessen schreitet voran. [...] Erstmals in der Geschichte können nicht nur manuelle[2], sondern auch kognitive[3] Tätigkeiten auf Maschinen übertragen werden. Ich habe keinen Zweifel, dass eine große Umwälzung bevorsteht.“

1 effizient: wirksam, leistungsfähig
2 manuell: von Hand erstellt
3 kognitiv: auf Erkenntnisse beruhend

1 **Zitiere die wichtigsten Aussagen der zwei Experten. Achte auf die korrekte Zitierweise und die richtige Verwendung des Konjunktivs bei der indirekten Rede.**
Schreibe in dein Heft.

Beispiel: *Prof. Kagermann führt aus, dass „ohne eine weitere Automatisierung und Digitalisierung [...] die deutsche Jndustrie ihre Wettbewerbsfähigkeit und ihr Produktionsvolumen“ verlieren werde. Er befürchtet ...*

2 **Timon will ein Zitat Inga Burks in indirekter Rede wiedergeben.**
Er ist sich unsicher und probiert verschiedene Formen aus. Was ist richtig?

Inga Burk: „Generell müssen alle sehr viel flexibler werden, weil kaum noch Routineaufgaben anfallen werden. Lebenslange Weiterbildung wird deshalb noch viel wichtiger werden. Aber es ist leider nicht zu erwarten, dass alle, deren Jobs verloren gehen, durch Qualifizierung wieder Arbeit finden werden.“

Jnga Burk sage, dass generell alle sehr viel flexibler werden müssten, weil kaum noch Routineaufgaben anfallen.	*Jnga Burk sagt, alle müssen sehr viel flexibler werden, weil kaum noch Routineaufgaben anfallen würden.*	*Jnga Burk sagt, alle müssten sehr viel flexibler werden, weil kaum noch Routineaufgaben anfielen.*

a **Streiche die Fehler in seinen Versuchen an.**
b **Gib eine Erklärung für deine Lösung.**

Teste dich!

Formen der Redewiedergabe

„Selbstbestimmung außer Kraft gesetzt“ – Interview mit Yvonne Hofstetter

In einem ARD-Interview äußerte sich auch die Technologie-Unternehmerin Yvonne Hofstetter zur Frage, was künstliche Intelligenz für unsere gesellschaftliche Zukunft bedeutet. Hier sind ihre Antworten:

1 „Die Folge der Digitalisierung ist natürlich ein hoher Grad an Automatisierung. Das liegt daran, dass wir in der Digitalisierung viel kopieren können – auch den Menschen und menschliche Tätigkeiten. Wir alle haben die großen Automobilhersteller vor Augen: Die Herstellungsstraßen sind mit Robotern versehen. Das ist schon lange Realität.

2 Aber auch der dritte Sektor wird automatisiert werden: der Bereich der Dienstleistungen. Dabei geht es auch um Berufe, bei denen wir bis heute davon ausgingen, dass sie gar nicht automatisierbar sind: Nachrichtenjournalisten, Komponisten oder Übersetzer etwa werden wegfallen. Wohl auch Rezeptionisten[1] an Hotellobbys.

3 In Japan hat dieses Jahr das erste Hotel eröffnet, das nur mit Robotern geführt wird. Da steht kein Mensch mehr hinter der Theke, sondern ein Roboter empfängt die Gäste – „Humanoide“, die aussehen wie Frauen und entsprechend angezogen sind. Also, das wird kommen …“

1 Rezeptionist = jemand, der an der Rezeption/Anmeldung, z. B. eines Hotels, arbeitet

1 **Fasse ihre Aussagen zum Thema zusammen, indem du …**

a das Wichtigste des ersten Abschnitts in eigenen Worten wiedergibst. Forme dabei die direkte Rede in die indirekte Rede um.

Die Unternehmerin führt aus, dass die Digitalisierung einen hohen Grad ______________________.

____.

Das ______________ daran, ______________________________

In der Automobilherstellung ______________________ Roboter schon lange Realität.

b die wichtigsten Aussagen des zweiten Abschnitts zitierst.
Füge dazu direkte Zitate in einen erklärenden Fließtext und verwende die richtige Zeichensetzung. (4 P.) ☐

Ihrer Meinung nach wird ______________________ automatisiert werden.

Sie nennt Berufe, die bisher ______________________ galten.

c die Aussagen des dritten Abschnitts kurz zusammenfasst und in indirekter Rede wiedergibst. (4 P.) ☐

____

Vergleiche deine Ergebnisse mit dem Lösungsheft.

☺ 12–9 Punkte	😐 8–5 Punkte	☹ 4–0 Punkte
Gut gemacht!	Gar nicht schlecht, aber lies dir die Merkkästen auf den Seiten 64–67 noch einmal genau durch!	Arbeite die Seiten 64–67 noch einmal sorgfältig durch!

Den Schreibstil verbessern

Sätze abwechslungsreich gestalten

Information **Satzreihe und Satzgefüge**

Mit **Satzverknüpfungen** kann man Zusammenhänge verdeutlichen und Texte abwechslungsreich formulieren. **Nebenordnende Konjunktionen** (z. B. *und, oder, denn, aber, doch*) verbinden zwei oder mehr Hauptsätze zu Satzreihen. Vor der Konjunktion steht ein Komma, nur vor den Konjunktionen *und* bzw. *oder* kann es entfallen. **Unterordnende Konjunktionen** (z. B. *als, weil, damit*) und **Relativpronomen** (z. B. *der, die, das*) verknüpfen selbständige Hauptsätze und abhängige Nebensätze zu **Satzgefügen.** Haupt- und Nebensatz werden durch ein Komma getrennt. Nebensätze (außer Relativsätze) können vor oder nach dem Hauptsatz stehen oder in ihn eingeschoben werden.

1 **a** **Markiere im folgenden Text alle Satzreihen und unterstreiche alle Satzgefüge.**
b **Umkreise alle Konjunktionen und bestimme sie.**

Die Arbeitswelt im Wandel

Gemäß des Mottos, dass nur der Wechsel beständig ist, unterlag und unterliegt auch die Arbeitswelt einem stetigen Wandel. Nachdem die Menschen mit Beginn der Jungsteinzeit sesshaft geworden waren, bildeten sich erstmals klare Zuständigkeiten und nachfolgend Berufe aus. Während sich die einen auf die Landwirtschaft und den Anbau von Nahrung spezialisierten, beschränkten sich andere auf Berufe wie Schmied, Bäcker oder Tierzüchter. So blieb es lange Zeit, doch neue Errungenschaften zwangen die Menschheit im Laufe der Geschichte zu weiteren Veränderungen. Hier zwei Beispiele. Während im Mittelalter den Mönchen in den Klöstern das Kopieren von Schriften vorbehalten war, beendete die Erfindung des Buchdrucks mit beweglichen Lettern durch Johannes Gutenberg um das Jahr 1450 auch dieses Vorrecht. Fortan konnten Buchdrucker dieses alleinige Vorrecht für sich beanspruchen und sie erledigten diese Arbeit in faszinierender Geschwindigkeit und mit hoher Qualität. Einen weiteren Schritt im Wandel der Arbeitswelt kann durchaus der „Sonnenkönig" Ludwig XIV von Frankreich beanspruchen, nachdem dessen Finanzminister Colbert zur Sicherung der Staatsfinanzen die Arbeit in Produktionsstätten ausbaute. Nun fertigte nicht nur ein Spezialist ein Produkt an, sondern mehrere unqualifizierte Arbeiter arbeiteten in Einzelschritten. Dies war der Grundstein für die spätere Fließbandarbeit.

Satzgefüge, unterordnende Konjunktion

Satzreihe ...

2 **Formuliere die folgenden Sätze nach dem Beispiel entsprechend der vorgegebenen Satzmuster um. Als Hilfe sind die Konjunktionen und Relativpronomen angegeben. Beachte: Manchmal müssen Wörter umgestellt, ergänzt, ersetzt oder weggelassen werden!**

A Den größten Sprung machte jedoch die Industrialisierung. Sie kam zum Ende des 18. und dem Beginn des 19. Jahrhunderts auf. → Hs – Ns (die)

Den größten Sprung machte jedoch die Industrialisierung, die zum Ende des 18. und dem Beginn des 19. Jahrhunderts aufkam.

B Als die industrialisierte Produktion immer größere Fabriken hervorbrachte, führte dies auch zum Wachstum der Städte. → Hs – Hs (und)

C Im 19. Jahrhundert wurde erstmals mit einem Fließband gearbeitet, weil sich dadurch die Produktion steigern lassen konnte. → Hs – Hs (denn)

D Henry Ford führte sie im Jahre 1913 zum Bau seiner Automobile ein. Der Siegeszug der Fließbandarbeit begann. → Ns – Hs (nachdem)

E Ford konnte seine Produktion auf das Achtfache steigern. Der Preis für das Auto verringerte sich enorm. Er konnte sogar die Löhne seiner Arbeiter erhöhen. → Hs – Ns – Hs (wodurch/und)

F Im Laufe des 20. Jahrhunderts übernahmen dann immer mehr Maschinen und Roboter Arbeiten. Diese waren früher von Menschen ausgeführt worden. → Hs – Ns (die)

3 **Gestalte den folgenden, eintönigen Text abwechslungsreicher, indem du Zusammenhänge herstellst. Verknüpfe dazu mit Hilfe des Wortspeichers zwei Sätze sinnvoll zu einer Satzreihe oder einem Satzgefüge. Wähle eine passende Konjunktion. Schreibe in dein Heft.**

Das als revolutionär gefeierte Fließband wurde anfänglich begeistert aufgenommen. Die Begeisterung schlug bald in starke Ablehnung um. Die mechanischen Arbeitsprozesse führten zu einer Trägheit und zur Entwertung der Arbeitskraft. Der Einzelne hatte nur noch wenige, eintönige Handgriffe auszuführen.

Wortspeicher

jedoch • doch • da • aber • und • weil

Wiederholungen vermeiden

Information | **Wortwiederholungen vermeiden: Pronomen benutzen**

Bestimmte **Pronomen** können vorher genannte Nomen ersetzen. Dadurch lassen sich Wiederholungen vermeiden und Verknüpfungen im Satz herstellen. Um Texte abwechslungsreich zu gestalten, kann man **Personalpronomen** (z. B. *er, sie, es*), **Demonstrativpronomen** (z. B. *dieser, jenes*), **Possessivpronomen** (z. B. *mein, dein, euer*) und **Relativpronomen** *(der, die, das)* stellvertretend für ein Nomen oder eine Nomengruppe verwenden (z. B. *Die Fabrik schaffte eine neue Transportmaschine an, die sehr teuer war.*

1 **In diesem Lexikoneintrag über den Stummfilm „Moderne Zeiten" von Charlie Chaplin ist sprachlich nicht alles gelungen.**

- **a** **Unterstreiche sich wiederholende Nomen.**
- **b** **Schreibe als Stellvertreter geeignete Pronomen an den Rand. Manchmal passen mehrere.**
- **c** **Erkläre, wofür die unterstrichenen Pronomen stehen.**

„Moderne Zeiten" ist ein Spielfilm von Charlie Chaplin aus dem Jahre 1936. Der Spielfilm beschäftigt sich u. a. mit den Bedrohungen durch die industrialisierte Arbeitswelt. Schon zu Beginn des Spielfilms sieht man Arbeiter in einer Fabrik merkwürdige Maschinen bedienen, während der Direktor seine Arbeiter durch ein Monitorsystem überwacht. Während sie unter Hochdruck in der Fließbandfertigung arbeiten, kann der Direktor durch dieses auch dessen Geschwindigkeit verändern und somit den Produktionsdruck der Arbeiter beliebig verändern.

dieser, er

- **d** **Markiere in der Fortsetzung des Artikels die Pronomen, die als Stellvertreter eingesetzt wurden, kennzeichne die Verknüpfungen und notiere am Rand, welche Art von Pronomen verwendet wurde:** *P* **(Personalpronomen),** *Poss* **(Possessivpronomen) oder** *Dem* **(Demonstrativpronomen).**

Die Arbeit in der Fabrik ist durch rasante und ständig gleichförmige Laufbandarbeit bestimmt. Durch diese zeigt der Arbeiter Charlie bereits erste Störungen in seiner Motorik und Koordination. In seiner Essenspause tritt ein Ingenieurteam ans Band. Sie wollen ihre neuartige Erfindung testen, welche die Arbeiter automatisch füttern soll. Diese soll auch zur Einsparung ihrer Pausenzeit eingeführt werden. Charlie wird als Testperson auserkoren. Anfangs läuft die Fütterungs-Apparatur noch wie vorgesehen, plötzlich wird er jedoch von ihr gefoltert. Der Test der Maschine wird enttäuscht von seinem Chef abgebrochen.

Dem

- **e** **Verknüpfe Satz 1 und 2 (Z. 1–2) des Textanfangs mit Hilfe eines Relativpronomens. Schreibe in dein Heft.**

Information **Wortwiederholungen vermeiden: Synonyme finden, „man“ ersetzen**

Die ständige Wiederholung bestimmter Wörter wirkt langweilig und schwerfällig.
Du kannst Wiederholungen vermeiden, indem du **Synonyme** oder **Umschreibungen** findest (z. B. für Fernsehgerät: (Fernseh-)Apparat, Fernseher, TV).
Das Wörtchen **„man“** kann ersetzt werden: durch ein anderes Pronomen (z. B. *jemand, einer, wir*), ein Nomen oder eine andere Satzkonstruktion, z. B. einen Passivsatz oder einen Infinitivsatz.

2 **Überarbeite den Text in deinem Heft, indem du die ständige Wiederholung des Wortes „Arbeit“ vermeidest. Ersetze dazu die markierten Wörter mit passenden Begriffen aus dem Wortspeicher.**

Wortspeicher

drehen (3 x) • rotieren • laufenden • Beschäftigung • Aufgabenbereich • schraubend • Aufgabe • Tätigkeit

Nach einiger Zeit gerät Charlie komplett in das Maschinengetriebe der arbeitenden ____________________ Anlage. Dort arbeitet ____________________ er wie in einem Zwang – während riesige Zahnräder um ihn herum arbeiten ____________________ – an den dortigen Schrauben. Die Arbeit ____________________ macht ihn plötzlich völlig verrückt. Mit seinen zwei Schraubenschlüsseln rennt er, von seiner Arbeit ____________________ völlig eingenommen, hinter der Sekretärin seines Arbeitgebers her, da er ihre großen Kleidungsknöpfe für Schraubenköpfe hält, an denen er weiterarbeiten ____________________ soll. Wild arbeitend ____________________ auf der Straße angelangt, lenken ihn die Schrauben eines Straßenhydranten ab. Als eine Passantin in einem Kleid mit übergroßen Knöpfen vorbeigeht, will er nun an diesen weiterarbeiten ____________________. Ein herbeigerufener Polizist verfolgt Charlie, der zurück zu seinem Arbeitsbereich ____________________ rennt, nicht ohne am Zugang wieder die Stempeluhr zu bedienen. Später verliert er seine Arbeit ____________________ und landet in einer psychiatrischen Anstalt.

3 **a** **Mache dir klar, wie oft das Pronomen „man“ im folgenden Text auftaucht, indem du es markierst.**
b **Ersetze „man“ durch abwechslungsreiche Formulierungen aus dem Wortspeicher. Schreibe in dein Heft.**

Man stellt die Arbeiter ... dar, ... → Die Arbeiter werden als ... dargestellt, ...

Der Film kritisiert den durch die Industrialisierung hervorgerufenen Verlust von Individualität durch Zeitdruck und gleichförmige, durch Maschinen geprägte Arbeitsabläufe. Man stellt die Arbeiter in der Fabrik als abgestumpft dar, nur bei der Hauptfigur kann man menschliches Einfühlungsvermögen erkennen. Die Maschinen empfindet man dabei nicht nur wegen ihrer Größe als bedrohlich. Man ist entsetzt, wie diese Maschinen neben Material auch Menschen in ihr Räderwerk aufnehmen und drohen, die Arbeiter zu zerstampfen und zu zermalmen. Nur mit Glück kann man ihnen wieder entgehen und wird dann sozusagen ausgespuckt.

Wortspeicher

werden als Bedrohung empfunden • glücklich ist, wer ... entgehen kann • weckt beim Zuschauer Entsetzen • menschliches Einfühlungsvermögen lässt sich erkennen

Nebensätze korrekt formulieren und gezielt einsetzen

Information **Nebensätze erkennen und gezielt einsetzen**

Nebensätze helfen, sich eindeutig und genau auszudrücken und abwechslungsreich zu formulieren:

- **Adverbialsätze** nehmen die Stelle einer adverbialen Bestimmung ein, machen also genauere Angaben zu den Umständen eines Geschehens und stellen Zusammenhänge her, z. B.: *Die Menschen beschäftigten sich früh mit automatischen Apparaturen,* ***weil*** *sie sich von ihnen große Arbeitserleichterungen versprachen.*
- **Relativsätze** erfüllen die Rolle eines Attributs, erläutern also ein Nomen oder Pronomen näher. Sie werden durch ein Relativpronomen (*der, die, das*) eingeleitet, vor dem eine Präposition stehen kann, z. B.: *Die Erfindung des Roboters,* ***der*** *den Menschen Arbeit abnehmen sollte, war ein wichtiger Schritt.*
- **Indirekte Fragesätze** werden durch Fragewörter (*wer, was, wann …*) eingeleitet, z. B.: *Wir wissen nicht wirklich,* ***wer*** *sich als Erster mit dem Gedanken über die Entwicklung eines Roboters beschäftigt hat.*
- **Infinitivsätze** bestehen aus einem Infinitiv mit „zu" und mindestens einem weiteren Wort. Mit ihnen kann man Zusammenhänge verdeutlichen, Sätze verkürzen und dass-Sätze vermeiden, z. B.: *Roboter und Maschinen helfen uns heute überall, den Alltag* ***zu*** *bewältigen.*

In umfangreichen Satzgefügen kann ein Nebensatz von einem übergeordneten Nebensatz abhängen.

1 **a** **Markiere im folgenden Text die Hauptsätze in rot und die Nebensätze in grün.**
b **Setze anschließend die fehlenden Kommas.**

VORSICHT FEHLER!

Eine kleine Geschichte der Robotik

Die Erfindung des Roboters markierte einen weiteren Schritt in der Veränderung der Arbeitswelt. Als Roboter bezeichnet man eine Maschine welche üblicherweise dazu dienen sollte (RS) Menschen mechanische Arbeit abzunehmen (IS). Bereits in der Antike wurden erste Versuche mit Automaten durchgeführt welche aber mit dem Niedergang der antiken Kulturen wieder verschwanden. Da uns Aufzeichnungen aus dem 15. Jahrhundert über Androiden bekannt sind wissen wir auch von der Beschäftigung Leonardo da Vincis mit solchen klassischen Automaten. Natürlich reichte der technische Kenntnisstand der damaligen Zeit noch nicht aus um derartige Pläne auch zu verwirklichen. Nachdem 1740 Jacques de Vaucanson bereits einen flötenspielenden Automaten, eine mechanische Ente sowie den ersten programmierbaren vollautomatischen Webstuhl erfunden hatte entwickelte sich diese Idee weiter. Ende des 19. Jahrhunderts als besonders das Militärwesen an solcherlei Automaten Interesse entwickelte wurden in diesem Bereich große Anstrengungen unternommen. Solcherlei Entwicklungen brachten den Schriftsteller Jules Vernes dazu eine Geschichte über eine Menschmaschine zu schreiben.

c **Finde zu jeder Nebensatzart zwei Beispiele und trage diese hier ein:**

Adverbialsatz (AS): ______________________________

____

Relativsatz (RS): ______________________________

____

Infinitivsatz (IS): ______________________________

____

2 **Adverbialsätze werden durch Konjunktionen eingeleitet. Ordne die Konjunktionen den passenden Fragen zu, die den jeweiligen Zusammenhang wiedergeben.**

Wann? Seit wann? Wie lange? ______

Wie? Auf welche Art und Weise? ______

Warum? Aus welchem Grund? ______

Unter welcher Bedingung? ______

Mit welcher Folge? Mit welcher Wirkung? ______

Mit welcher Absicht? Zu welchem Zweck? ______

Trotz welcher Einschränkung? ______

Wortspeicher

bevor • wenn • auch wenn • damit • dass • falls • indem • nachdem • da • obgleich • als • weil • solange • obwohl • bis • seit • sobald • sodass • während • wenngleich

3 **a** **Hier sind die Konjunktionen falsch verwendet worden. Markiere diese.**
b **Überlege zunächst, welcher Zusammenhang zwischen Haupt- und Nebensatz ausgedrückt werden soll.**
c **Ersetze die falschen Konjunktionen durch eine passende und schreibe den Text richtig in dein Heft.**

VORSICHT FEHLER!

Nachdem der tschechische Schriftsteller Karel Čapek diesen Begriff „Roboter“ 1920 für einen Androiden in einem seiner Werke einführte sprach man noch allgemein von Apparaten. Wenn der Zweite Weltkrieg beendet war machte der Bereich der Robotik rasante Fortschritte. Ausschlaggebend war dabei die Erfindung leistungsstarker und platzsparender Computer obwohl sich die Einsatzmöglichkeiten erheblich steigerten.

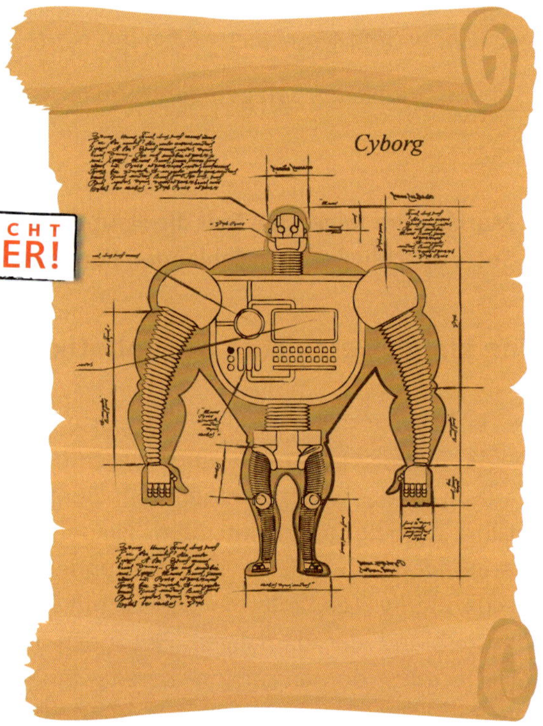

4 **Bilde jeweils ein Satzgefüge mit der angegebenen Art von Nebensatz und einer passenden Konjunktion bzw. einem passenden Relativpronomen. Schreibe in dein Heft. Achte dabei auf die Kommasetzung.**

A Industrieroboter werden in bestimmten Umgebungen eingesetzt.
Diese Umgebungen sind meist zu gefährlich oder unzumutbar für einen Menschen. (Relativsatz)

B Eintönige Fließbandarbeit wird heute meist von modernen Robotern übernommen.
Diese sind wesentlich schneller und genauer als der Mensch. (Adverbialsatz)

C Auch Serviceroboter werden seit einiger Zeit eingesetzt.
Sie sollen den Menschen den Alltag erleichtern oder sie unterhalten. (Infinitivsatz)

D Industrieroboter erledigen in einer auf sie angepassten Umgebung meist handwerkliche Aufgaben.
Serviceroboter erbringen hingegen Dienstleistungen für und am Menschen. (Adverbialsatz)

E Das Jahr 1997 war bezüglich der Roboter in der Forschung ein Meilenstein.
Damals landete der erste mobile Roboter auf dem Mars. (Adverbialsatz)

Texte überarbeiten mit Hilfe von Proben

Information **Umstellprobe, Weglassprobe, Ersatzprobe, Erweiterungsprobe**

Proben helfen dir, genauer zu schreiben und Texte stilistisch zu verbessern:

- Um Satzanfänge abwechslungsreich zu gestalten, wende die **Umstellprobe** an.
- Nutze die **Weglassprobe,** um überflüssige Wörter, Wiederholungen oder umständliche Formulierungen zu streichen.
- Vermeide Wortwiederholungen und floskelhafte oder umgangssprachliche Wendungen mit Hilfe der **Ersatzprobe**.
- Formuliere genauer mit Hilfe der **Erweiterungsprobe.** Füge einem Satz Objekte, adverbiale Bestimmungen oder Attribute hinzu.

1 In dieser Textbeschreibung zu Heinrich Bölls „Anekdote zur Senkung der Arbeitsmoral" finden sich viele vermeidbare stilistische Fehler. Arbeite in deinem Heft, um den Text zu verbessern.

a Welche Wörter werden wiederholt? Markiere sie.

b Vermeide gleiche Satzanfänge. Wende in den Sätzen 2 und 3 die Umstellprobe an und notiere jeweils zwei Sätze mit unterschiedlichen Satzanfängen.

c Verbinde die Sätze 1 und 2 miteinander.

1 In Heinrich Bölls „Anekdote zur Senkung der Arbeitsmoral" aus dem Jahre 1963 geht es um einen Touristen und einen Fischer. 2 Der Tourist und der Fischer lernen sich zufällig in einer westeuropäischen Hafenstadt kennen. 3 Der Tourist begreift am Ende durch die Worte des Fischers, dass man auch ohne große Karriere glücklich sein kann.

d Markiere im folgenden Text die störenden Wiederholungen.

e Wende die Ersatzprobe an und notiere Verbesserungsvorschläge.

Ein Tourist weckt durch das Klicken seines Fotoapparats einen Fischer auf, der in seinem Boot in der Sonne döst. Nachdem der Tourist dem Fischer eine Zigarette geschenkt hat, befragt der Tourist den Fischer zu seinen heutigen Fängen und erfährt, dass dieser bereits seinen Fang beendet hat und mit seinem Fang zufrieden ist. Der Tourist begreift nicht, wieso der Fischer nicht öfter ausfahren möchte, um finanziell aufzusteigen und erfolgreich Karriere zu machen.

f Hier sind leider noch viele Fragen offen. Nutze die Erweiterungsprobe, um mit den angegebenen Zusatzinformationen einen aussagekräftigen Text zu verfassen.

Der Tourist beginnt, ihm ? zu schildern, was er ? alles erreichen könnte. So könnte er sich bald einen Motor, später mehrere Boote oder ? Kutter kaufen, ? ein Kühlhaus und eine ? Fabrik bauen, einen Hubschrauber ? anschaffen und seinen Kuttern ? Anweisungen geben. Auch könnte er die Rechte ? erwerben, ein Fischrestaurant eröffnen und seine Produkte ? bis nach Paris exportieren. Am Gipfel ? angekommen, könne er sich dann zur Ruhe setzen und ? dösen. Der Fischer erwidert ?, dass er das auch jetzt schon könne. Der Tourist begreift, dass nicht nur mehr arbeiten zum Glück führen kann.

Zusatzinformationen

gelassen • durch mehr Arbeit • der möglichen Karriere • ohne Zwischenhändler • sogar • per Funk • begeistert • im Hafen • irgendwann • zur Entdeckung der Fischschwärme • eigene • für die Lachsgründe

2 Der folgende Hauptteil der Textbeschreibung wirkt nicht sehr überzeugend. Überarbeite ihn.

a Markiere im Text die Stellen, die du für nicht gelungen und verbesserungswürdig hältst.

b Trage für jede dieser Stellen in die Randspalte ein, welche Probe dir helfen könnte, diese zu verbessern. Nutze folgende Abkürzungen: Umstellprobe = *U*, Weglassprobe = *W*, Ersatzprobe = *Es*, Erweiterungsprobe = *Ew*.

c Prüfe anschließend, ob der Text alle wesentlichen Informationen enthält. Notiere, was fehlt, und ergänze diese Informationen mit Hilfe der Texte von Aufgabe 1.

d Schreibe den verbesserten Text auf die Linien unten.

Der Gegensatz zwischen dem Touristen und dem Fischer wird gleich zu Beginn der Anekdote aufgezeigt. Der Tourist wird als schick, fleißig, gönnerhaft und geradezu aufdringlich beschrieben. Der Fischer wird im Gegensatz dazu als ärmlich gekleidet beschrieben. Obwohl der Tourist von Anfang an zunächst die Gewinnerperspektive einzunehmen scheint, wirkt er von Anfang an nervös und unsicher gegenüber seinem äußerlich ärmlichen Fischer. Für den Touristen erscheint nur ein arbeitserfülltes Leben als gerechtfertigt. Der Tourist überschlägt sich dabei in seinen Vorstellungen über die verpassten Möglichkeiten des Fischers. Der Fischer hingegen vertritt die Haltung, dass er arbeite, um zu leben, und nicht zu leben, um zu arbeiten. Interessant ist dabei auch die körperliche Veränderung der beiden Figuren im Verlauf des Gesprächs. Am Anfang steht der Tourist. Der Fischer liegt am Anfang im Boot. Im Verlauf des Gesprächs und des immer verzweifelter werdenden Versuchs des Touristen, den Fischer von seiner Sichtweise zu überzeugen, steht der Fischer auf. Der Tourist und der Fischer befinden sich nun sozusagen auf Augenhöhe. Am Ende setzt sich der Tourist auf den Bootsrand. Der Fischer steht.

Es = den Beiden

Teste dich!

Texte überarbeiten: Sätze und Zeichensetzung verbessern

1 **a Im folgenden Text fehlen die Kommas. Trage sie ein. (4 P.)**
b Bestimme, um welche Art von Gliedsätzen es sich hier handelt. Trage ein. (3 P.)

VORSICHT FEHLER!

1 Das Hotel „Henna“ was auf Deutsch „das seltsame Hotel“ bedeutet wurde am 17. Juli 2015 in Sasebo/Nagasaki eröffnet. 2 Es ist das weltweit erste Hotel das fast komplett von Robotern betrieben wird. 3 Das Hauptziel des neuen Hotelkonzepts ist Komfort zum kleinen Preis anzubieten.

1: ______________ 2: ______________ 3: ______________

2 **a Markiere im folgenden Text die Wiederholung. (1 P.)**
b Verbessere die Sätze mit Hilfe der unten genannten Proben. Schreibe die umformulierten Varianten auf. (2 P.)

Insgesamt arbeiten im Hotel mindestens acht Roboter. Die Roboter werden an der Rezeption, im Service, als Gepäckträger, an der Schließfachverwaltung und beim Putzen eingesetzt.

A Ersatzprobe: ______________

B Relativsatz: ______________

3 **a Markiere in den folgenden Sätzen die fehlerhaft formulierten Nebensätze. (2 P.)**
b Notiere, was in diesen Nebensätzen korrigiert werden muss. (1 P.)

VORSICHT FEHLER!

An der Rezeption werden die Gäste von freundlichen Robotercharakteren empfangen, die sind aber teilweise auch seltsam. Die englischsprachigen Gäste werden zuerst etwas verwundert sein, da sie begrüßt werden von einem Dinosaurier und nicht, wie die japanischen Gäste, von einer Roboterdame. Die Identifizierung der Gäste geschieht über Gesichtserkennung, damit kann das Hotel schlüssellos betreten werden.

____

4 **Der folgende Satz ist nicht leserfreundlich formuliert. Verbessere ihn, indem du mehrere Sätze daraus bildest. Du kannst z. B. Relativsätze zu Attributen verkürzen oder neue Relativsätze bilden. Schreibe die überarbeiteten Sätze auf. (5 P.)**

Um den Gepäckträger, der vollautomatisch ist, zu bedienen, muss man einfach die Nummer, die das eigene Zimmer hat, eingeben und der Roboter erledigt die Arbeit, dabei spielt er, typisch japanisch, Gute-Laune-Musik, während er den Koffer auf das Zimmer bringt, aber auch das Zimmer wird durch einen bequem über ein Tablet steuerbaren Roboter gereinigt.

Um den vollautomatischen Gepäckträger zu bedienen, muss man …

Vergleiche deine Ergebnisse mit dem Lösungsheft.

☺ 18–13 Punkte	☺ 12–8 Punkte	☹ 7–0 Punkte
Gut gemacht!	Gar nicht schlecht, aber lies dir die Merkkästen auf den Seiten 69–75 noch einmal genau durch!	Arbeite die Seiten 69–76 noch einmal sorgfältig durch!

Das kann ich schon! – Rechtschreibung

1 **a** **Schreibe die Sätze A bis E in dein Heft ab. Prüfe die Großschreibung mit der Probe: Gibt es Nomenbegleiter? (5 P.)**
b **Unterstreiche in jedem Satz die Nominalisierung. (5 P.)**

A JULIUS HAT BEI SEINER ANMELDUNG ZUM POETRY-SLAM NEUES ERFAHREN.

B WICHTIG IST VOR ALLEM AUSDRUCKSVOLLES SPRECHEN.

C OHNE MODERATION ENTSTEHT BEIM SLAM EIN CHAOTISCHES HIN UND HER.

D WÄHREND DES VORTRAGS IST DAZWISCHENRUFEN STÖREND.

E ENTNERVEND IST IN KOMMENTAREN EIN STÄNDIGES „ABER …“.

2 **Umkreise bei farbig unterlegten Wörtern den richtigen Anfangsbuchstaben. (13 P.)**

Ist Rechtschreibung überbewertet?

Während manche behaupten, r / Rechtschreiben werde überbewertet, halten andere richtige Orthographie für ein m / Muss für j / Jung und a / Alt. Einige Banken zum Beispiel recherchieren bei neuen Kunden im Netz nach g / Geschriebenem, um von deren Bildung auf ihre Kreditwürdigkeit zu schließen. Das kann j / Jemandem bei Rechtschreibunsicherheiten a / Angst und b / Bange machen. Nach mehreren Rechtschreibreformen ist manch einer dauerhaft u / Unsicher. Einige literarische Texte, etwa von Bertolt Brecht, darf man bis auf w / Weiteres nur in der nicht r / Reformierten Rechtschreibung abdrucken. Über k / Kurz oder l / Lang verliert da jeder einmal die Orientierung und schlägt im Wörterbuch nach.

3 **Im Text von Aufgabe 2 kommt das Fremdwort für Rechtschreibung vor: Notiere es hier und schreibe auch die eingedeutschte Schreibung des Fremdwortes auf. (2 P.)**

Fremdwort: ______________________________

eingedeutschte Schreibung: ______________________________

4 **Prüfe die folgenden Schreibweisen der Tageszeiten und Wochentage: Jeweils eine ist falsch geschrieben, streiche sie durch. (6 P.)**

VORSICHT FEHLER!

A am kommenden Montag – am Kommenden Montag

B vor Einiger Zeit – vor einiger Zeit

C Samstagnacht – Samstag Nacht

D jeden Dienstag – jeden dienstag

E heute Morgen – Heute Morgen

F am gestrigen Abend – am Gestrigenabend

5 **Schreibe die Eigennamen und Herkunftsbezeichnungen richtig ins Heft. (6 P.)**

Am 1.8.2006 ist IN DEUTSCHLAND, ÖSTERREICH UND DER SCHWEIZ sowie IN ALLEN ANDEREN DEUTSCHSPRACHIGEN TEILEN EUROPAS die Neuregelung der deutschen Rechtschreibung in Kraft getreten, die VOM RAT FÜR DEUTSCHE RECHTSCHREIBUNG, der für die Orthografie verbindlichen zwischenstaatlichen Instanz, erarbeitet wurde.
Nach dem BESCHLUSS DER STÄNDIGEN KONFERENZ DER KULTUSMINISTER DER LÄNDER IN DER BUNDESREPUBLIK DEUTSCHLAND galt eine einjährige Übergangsfrist, bevor die neue Rechtschreibung an DEUTSCHEN SCHULEN notenrelevant wurde. Am 31.7.2009 ist diese Frist auch an SCHWEIZER UND LIECHTENSTEINISCHEN SCHULEN abgelaufen.

6 **Drei der Wörter mit Fragezeichen werden zusammengeschrieben. Schreibe sie auf. (3 P.)**

Handschrift – eine vergessene Kunst

Schon in der Grundschule sollen Schüler/-innen sauber ? schreiben. Manche lang ? weilen sich dabei. Zunehmend ist zu beobachten, dass Kindern, aber auch Erwachsenen eine schöne, individuelle Handschrift abhanden ? kommt. In Finnland bevorzugt man es, dass Schüler/-innen nur noch tippen ? lernen. Kritisch ? beäugen dies Lehrkräfte in deutschen Schulen. Sie heben hervor, dass sie diese Schreibmethode nicht statt der Handschrift ein ? führen wollen.

zusammengeschrieben werden: ______________________________

____

7 **a** **Kreuze für jede Zeile an: Welche Strategie hilft, die richtige Schreibweise zu klären?**
Tipp: Kreuze, wo nötig, zwei Strategien an. (5 P.)
b **Notiere das richtige Wort rechts. (3 P.)**

	zerlegen	ableiten	verlängern	
A Ste- ? hvermögen	☐	☐	☐	______
B Gleu ? äubiger	☐	☐	☐	______
C ent ? dgültig	☐	☐	☐	______

8 **a** **Überprüfe deine Lösungen mit Hilfe des Lösungsheftes. Für jede richtige Antwort bekommst du einen Punkt.**
b **Trage ein, wie du die Aufgaben bewältigt hast: ✓ = das Meiste richtig ? = noch etwas unsicher.**

Aufgabe	1 ☐	2 ☐	3 ☐	4 ☐	5 ☐	6 ☐	7 ☐
Weitere Übungen	Seite 80	Seite 80	Seite 92	Seite 81	Seite 82	Seiten 84–86	Seite 89

Groß- und Kleinschreibung

Information **Nominalisierungen und Denominalisierungen**

Verben, Adjektive, Adverbien und Wörter anderer Wortarten schreibt man in der Regel **groß,** wenn sie **im Satz als Nomen gebraucht** werden. Du erkennst eine **Nominalisierung** meist an ihrem **Begleitwort.**
Das kann z. B. sein:

- ein **Artikel,** z. B. *das Zuhören, das Für und Wider.*
- ein **Pronomen,** z. B. *dieses Überflüssige, etwas Unverschämtes.*
- ein **Adjektiv,** z. B. *viel Ärgerliches, langes Zögern.*
- eine **Präposition,** z. B. *beim (bei + dem) Tippen, im Allgemeinen.*

Hinweis: Nicht jedes nominalisierte Wort wird durch einen Nomenbegleiter angekündigt. Mache die **Probe:** Wenn du einen **Nomenbegleiter** (z. B. einen Artikel) ergänzen kannst, schreibst du groß, z. B.:
In der Schule bereitet mir (das/intensives) Theaterspielen große Freude.

Wörter, die formgleich als Nomen vorkommen, aber selbst keine Merkmale von Nomen aufweisen **(Denominalisierungen),** schreibt man **klein,** z. B.: *kraft seines Amtes als Theaterdirektor, zeit seines Lebens als Schauspieler.*

1 Einige der Wörter in Großbuchstaben sind Nominalisierungen: Markiere sie.
Hinweis: Wende die Probe an, falls kein Nomenbegleiter vorhanden ist.

Alles Theater? Rumoren im Zuschauerraum

Klagen über mangelndes BENEHMEN von Theaterbesuchern sind so ALT wie die Kunst selbst. Man beanstandet HUSTEN, KNISTERN, FLÜSTERN. Nun sehen sich die Schauspieler auf der Bühne neuerdings etwas STÖRENDEM ausgesetzt, das kaum zu STOPPEN ist: dem Smartphone. Unter den ZUSCHAUENDEN sind viele daran gewöhnt, ständig ONLINE zu sein. Durch KOMBINIEREN von Geräuschen, Kamerafunktionen und leuchtenden Displays sind die TECHNISCHEN Geräte im Zuschauerraum für die Schauspieler immer IRRITIEREND. „Wenn man auf der Bühne steht, sieht man jeden EINZELNEN, der Textbotschaften VERSCHICKT." Dann wisse man sofort, dass ein konzentriertes WAHRNEHMEN des Bühnengeschehens unmöglich ist. Bei Umfragen zum Thema „Theater als handyfreie Zone?" fand man heraus, dass TELEFONIEREN und lautes SPRECHEN Theatergäste am meisten störten. Allerdings lag der Prozentsatz derer, die das TEXTEN und FOTOGRAFIEREN in Ordnung fanden, im zweistelligen Bereich. Ausdrückliches AUSWEISEN von Tweet Seats in den HINTEREN Reihen war dagegen der Einfall eines Broadway-Produzenten. Ausgiebiges TWITTERN während des Stückes war hier nicht nur erlaubt, sondern sogar gewünscht.

2 ●●● Markiere in den folgenden Sätzen die Nominalisierungen grün und die Denominalisierungen gelb.

So etwas habe ich zeit meines langen Lebens als Theaterfan noch nicht erlebt: Gestern erhob sich mitten in der Vorstellung ein Jugendlicher zum Aufladen seines Smartphones – in einer Steckdose auf der Bühne. Erst war Totenstille, dann lachte Groß und Klein gleichermaßen laut los. Nur am Rande sei bemerkt, dass die Steckdose eine Requisite ohne Strom war. Das war wirklich das Letzte! Aber es war dem jungen Mann nicht im Geringsten peinlich. Wer ist eigentlich schuld an solchem Fehlverhalten? Diejenigen Eltern, denen alles recht ist, solange sie selbst ihre Ruhe haben? Oder die Lehrenden in den Schulen, die das Besuchen eines Theaters zu selten veranlassen? Wer höfliches und angemessenes Verhalten nicht von klein auf lernt, wird als Erwachsener keine Rücksicht auf andere nehmen wollen. Ich bin es leid! Vielleicht gibt es im Theater bald Popcorn und Nachos wie im Kino? Da wird es jedem Theaterfreund angst und bange ...

Information **Tageszeiten und Wochentage**

- Bezeichnungen für **Tageszeiten und Wochentage** werden **großgeschrieben,** wenn sie **Nomen** sind. Du erkennst ein Nomen an seinem **Begleitwort** (Probe ▸ S. 80). Das kann z. B. sein:
  - ein **Artikel,** z. B. *der Montag, die Sonntage,*
  - ein **Pronomen,** z. B. *diesen Montag, jeden Freitag,*
  - ein vorangestelltes **Adjektiv,** *z. B. letzten Montag,*
  - eine **Präposition,** z. B. *gegen Abend, am (an + dem) Morgen.*
- **Tageszeiten und Wochentage** werden **kleingeschrieben,** wenn sie **Adverbien** sind, z. B.: *heute, mittags, montags.*
- Bei **kombinierten Angaben** schreibt man die **Adverbien klein** und die **Nomen groß,** z. B.: *heute Morgen, gestern Mittag.*
- **Für zusammengesetzte Zeitangaben aus Wochentagen und Tageszeit** gilt:
  - Nomen werden großgeschrieben, z. B. *am Sonntagabend,*
  - Adverbien werden kleingeschrieben, z. B. *sonntagabends.*

3 **Prüfe die Schreibung der Tageszeiten und Wochentage im folgenden SMS-Dialog:**
a Umkreise falsche Schreibweisen.
b Notiere jeweils die Verbesserung und begründe die richtige Schreibweise.

Verabredung mit Hindernissen

Hi, lass uns (morgen mittag) in den Döner-Grill gehen. Muss dir was erzählen! Lol Adriane

morgen Mittag – Adverb + Nomen

A Habe leider Mittags einen Zahnarzttermin. Wie wär's Mittwoch Mittag? CU Birsen

B Geht nicht, habe Nachmittags Training wegen des Spiels am samstag. A.

C Dann am abend bei Pia? B.

D Sorry, nach dem Training bin ich alle. Könnte Donnerstagfrüh vor 9:00 oder Spätabends. A.

E Habe zur ersten und muss Früh ins Bett. Schreibe Übermorgen die Mathearbeit. B.

F Dann wäre doch freitagabend genau richtig?! A.

G Da ist Party bei Andy. Kann bis mitternacht dauern. Kommst du auch? B.

H Stimmt! Da sehen wir uns. ☺ A.

Information **Schreibung von Eigennamen und Herkunftsbezeichnungen**

- **Eigennamen** schreibt man **groß,** z. B. Namen von Personen, Städten, Ländern oder Flüssen sowie von Institutionen und Einrichtungen.
- In **mehrteiligen Eigennamen** schreibt man alle Wörter groß mit Ausnahme der Artikel, Konjunktionen oder Präpositionen, z. B.: *der Türkische Rote Halbmond, die Freiwillige Feuerwehr, Karl der Große.*
  Zusammensetzungen aus mehreren oder mehrteilige Eigennamen schreibt man meist **mit Bindestrich,** z. B.: *Nordrhein-Westfalen, Robert-Daum-Platz.*
- **Herkunftsbezeichnungen:**
  - Von geografischen Namen abgeleitete **Wörter auf *-er*** schreibt man immer **groß,** z. B.: *Frankfurt**er** Paulskirche, Bonn**er** Zeitung, Köln**er** Dom, das Potsdam**er** Abkommen.*
  - Von (geografischen) Namen abgeleitete **Adjektive auf *-isch*** werden **kleingeschrieben,** z. B. *die europä**isch**e Intelligenz, der französ**isch**e Aufklärer.*

Beachte: In Wortgruppen (festen Verbindungen), die keine Eigennamen oder Herkunftsbezeichnungen sind, schreibt man die Adjektive klein, z. B.: *die modernen Zeiten, ein historischer Wendepunkt.*
Hinweis: Schlage in Zweifelsfällen **im Wörterbuch nach.**

4 **Notiere hinter jeder Unterstreichung, worum es sich handelt:**
1 **= Eigennamen,** ***2*** **= mehrteilige Eigennamen,** ***3*** **= Herkunftsbezeichnung,** ***4*** **= Adjektiv (Attribut).**

2017–500 Jahre Reformation

Martin Luther [*1*] wurde 1483 in Eisleben geboren. Luther, ein katholischer Mönch, trat aus dem Augustinerorden [ ] aus. Er heiratete 1525 Katharina von Bora [ ], eine ehemalige Nonne. Am 31. Oktober 1517 schlug Martin Luther der Überlieferung nach seine 95 Thesen an die Tür der Wittenberger Schlosskirche [ ], womit er die grundlegende Reform der römisch-katholischen [ ] Kirche einleitete. Das 500. Jubiläum feiert die Evangelische Kirche Deutschland [ ] mit einem bundesweiten [ ] Feiertag, begleitet von vielen ökumenischen [ ] Projekten.

5 **Schreibe die folgenden Sätze in der richtigen Groß- und Kleinschreibung in dein Heft. Nutze die Informationen aus dem Kasten oben.**

A im jahr 2017 jährt sich zum 500. mal die veröffentlichung von martin luthers 95 thesen.

B anlässlich des reformationsjubiläums finden in den vereinigten staaten von amerika zahlreiche lutherausstellungen statt.

C die stiftung luthergedenkstätten in sachsen-anhalt und das deutsche historische museum in berlin sind an der ausstellung beteiligt.

D im wittenberger lutherhaus befinden sich zahlreiche schätze von welthistorischer bedeutung.

E viele ausstellungsstücke reisen in der zeit in die usa.

F waffen aus der berliner zeughaus-sammlung ergänzen die ausstellungsstücke.

Teste dich!

Groß- oder Kleinschreibung?

1 **Ergänze die folgende Regel zur Schreibung von Nominalisierungen. Streiche falsche Angaben und trage Fehlendes ein. (6 P.)**

Nominalisierungen / Denominalisierungen nennt man Wörter anderer Wortarten, die im Satz als Nomen gebraucht werden. Man schreibt sie groß / klein. Begleitwörter im Satz sind:

A ein ____________________, z. B. *das Prüfen*

B ein ____________________, z. B. *viel Nützliches*

C ein ____________________, z. B. *dieses Helfen*

D eine ____________________, z. B. *im Allgemeinen*

2 **Nominalisierung oder Denominalisierung? Umkreise den richtigen Buchstaben. (4 P.)**

A Ein P / paar Übungen mehr wären hilfreich.

B Ich bin völlig P / pleite!.

C Du hast nur ein P / paar Schuhe dabei?

D Diese P / pleite kann wohl keiner ertragen.

3 **Ergänze die Regeln zur Schreibung von Tageszeiten und Wochentagen und füge die folgenden Wortgruppen in der richtigen Schreibweise passend als Beispiele hinzu. (9 P.)**

VORSICHT FEHLER!

Wortspeicher

MORGENS • ÜBERMORGENVORMITTAG • WERKTAGS • GESTERNABEND • AMMORGEN

A Bezeichnungen für Tageszeiten und Wochentage schreibt man groß, wenn sie ____________________ sind.

Beispiel(e): ____

B Bezeichnungen für Tageszeiten und Wochentage schreibt man klein, wenn sie ____________________ sind.

Beispiel(e): ____

C Bei kombinierten Angaben schreibt man das Adverb ________________ und das Nomen ________________ .

Beispiel(e): ____

4 **Schreibe die Eigennamen und Herkunftsbezeichnungen richtig in dein Heft. (6 P.)**

VORSICHT FEHLER!

Wortspeicher

die griechische Insel • die kölner Innenstadt • die mexikanische Regierung • das bonner Landgericht • die deutsche Nationalbibliothek • schweizer Raclette

Vergleiche deine Ergebnisse mit dem Lösungsheft. Für jede richtige Antwort bekommst du einen Punkt.

☺ 25–19 Punkte	☺ 18–12 Punkte	☹ 11–0 Punkte
Gut gemacht!	Gar nicht schlecht, aber lies dir die Informationskästen auf den Seiten 80 bis 82 noch einmal genau durch.	Arbeite die Seiten 80 bis 82 noch einmal genau durch.

Getrennt- und Zusammenschreibung

Information **Wortgruppen aus Nomen und Verb**

Wortgruppen aus **Nomen und Verb** werden **immer getrennt** geschrieben, z. B.:
Schlittschuh laufen, Fußball spielen.
Achtung: Wird die Wortgruppe nominalisiert, schreibt man sie zusammen und groß, z. B.:
Das morgendliche Vokabellernen im Bus bringt meist wenig.

1 **Für den folgenden Text zeigt das Textverarbeitungsprogramm einige Fehler an. Nicht immer sind die Wortgruppen falsch geschrieben. Schreibe sie richtig in dein Heft. Hinweis: Achte auf Nominalisierungen und schreibe diese zusammen und groß.**

Was passiert in meinem Kopf, wenn ich lerne? – Gehirngerechtes Lernen

Lernen kann anstrengend sein. Viele denken dabei nun sicher an Vokabel ? lernen oder Gedicht ? aufsagen. Wenn man wüsste, wie das Gehirn ? funktioniert, könnte man die eigenen Lernerfolge ? steigern. Diese Frage ? stellen sich auch Hirnforscher, die festgestellt haben, dass man beim Text ? abschreiben von der Tafel mehr lernt als beim bloßen Zuhören. Der Grund ist einfach: Wenn man Lerninhalte ? aufschreibt, wird das Gehirn intensiv beschäftigt. Beim reinen Text ? erfassen ist es weniger aktiv. Man muss allerdings mit der Hand ? schreiben. Tippen funktioniert weniger gut, mit Copy-and-paste lernt man gar nichts. Während des Lernens kann auch Bewegung ? helfen, sie regt die Hirntätigkeit an. Langsames Fahrrad ? fahren kann beim Lernen von Vokabeln also durchaus eine Hilfe sein.

Information **Zusammensetzungen mit einem Nomen als erstem Bestandteil**

Zusammensetzungen mit einem Nomen als erstem Bestandteil sind oft Verkürzungen von Wortgruppen. Es wird dabei ein Artikel oder eine Präposition eingespart. In solchen Fällen werden Nomen und Adjektiv **zusammengeschrieben,** z. B.:
Lernen wird systembedingt (= durch das System bedingt) *leichter, wenn man die Inhalte wiederholt.*
Bei sauerstoffreicher (= reich an Sauerstoff) *Luft lernt es sich besser.*
Achtung: Verbindungen, die ein Fugenelement enthalten, werden immer zusammengeschrieben, z. B.:
*freiheit**s**liebend, hoffnung**s**los, atmung**s**aktiv, antrieb**s**arm.*

2 **Verbinde die Wörter zu Adjektiven. Ergänze ein Fugenelement, wo nötig, und schreibe jedes Wort auf.**

A Kenntnis	gemäß	A *kenntnisarm*
B Wunsch	schädlich	B ______
C Verhandlung	fähig	C ______
D Erwartung	arm	D ______
E Gesundheit	bereit	E ______
F Team	voll	F ______

Information **Wortgruppen aus Adjektiv und Verb**

Wortgruppen aus Adjektiv und Verb werden **meist getrennt** geschrieben, z. B.: *vernünftig begründen.*
Aber: Entsteht durch die Verbindung ein Wort mit **neuer Gesamtbedeutung,** schreibt man zusammen, z. B.: *schwerfallen* (= Mühe bereiten), *blaumachen* (= schwänzen), *schwarzfahren* (= ohne Ticket).

3 a **Markiere in den folgenden Beispielen Wortgruppen aus Adjektiv und Verb, die auch zusammengeschrieben werden können und dann eine neue Gesamtbedeutung erhalten. Erkläre die neue Gesamtbedeutung.**

Wortspeicher

schwarz ? malen • frei ? halten • nahe ? liegen • fertig ? werden • näher ? bringen • frei ? setzen • fertig ? machen • fern ? bleiben • leben ? lassen • fest ? halten • groß ? ziehen • tief ? stapeln • fest ? legen • fertig ? bringen

●●● b **Hier findest du für sechs der Wortgruppen die neue Gesamtbedeutung bei Zusammenschreibung. Schreibe die gesuchten Wortgruppen auf.**

jemanden einladen = ______________ negativ sehen = ______________

aufziehen, erziehen = ______________ entlassen = ______________

zermürben, kleinkriegen = ______________ nicht kommen = ______________

Information **Verbindungen aus Präposition und Verb/Adverb und Verb**

- **Verbindungen aus Präposition und Verb** schreibt man in der Regel **zusammen,** z. B.: *anlernen, hinführen, aufzeigen, aufbereiten.* Die Hauptbetonung liegt auf der Präposition. Im Satz sind diese Verbindungen trennbar, z. B.: *Lerninhalte bereitet man in der Regel strukturiert auf.*
  Aber: Liegt die Hauptbetonung auf dem Verb, ist die Verbindung nicht trennbar, z. B.: *wiederholen, durchbrechen, übersetzen.* Im Satz: *Vokabeln wiederholt man am besten oft.*
- **Verbindungen aus Adverb und Verb** werden in der Regel
  – **zusammengeschrieben, wenn** die Hauptbetonung auf dem Adverb liegt, z. B.: *Das Gehirn lernt am liebsten sozial, darum sollte man auch in der Schule zusámmenarbeiten.*
  – **getrennt geschrieben, wenn** Adverb und Verb gleich betont werden, z. B.: *Konzentration hilft immer, wenn man zusámmen (an einem Projekt) árbeitet.*

4 a **Bilde mit jeder der folgenden Präpositionen zwei Verbindungen und schreibe sie auf.**
●●● b **Unterstreiche alle trennbaren Verbindungen.**
c **Bilde mit mindestens vier Verbindungen, die eine Zusammenschreibung verlangen, je einen Satz in deinem Heft.**

vor • nach • über • unter • hinter • mit • bei • durch • auf • ab	+	fragen • machen • sprechen • geben • denken • nehmen • führen • sehen • legen • kommen • laufen • schreiben • hören

____

____

____

Methode **Erweiterungsprobe bei Wortgruppen aus Adverb und Verb**

- Wenn du unsicher bist, ob getrennt oder zusammengeschrieben wird, hilft dir die **Erweiterungsprobe:** Wenn du ein Wort oder eine **Wortgruppe zwischen Adverb und Verb einfügen** kannst, schreibst du getrennt, z. B.: *Lernende sollen in Ruhe mit anderen zusammen (an einer Aufgabe) arbeiten.*
- Werden **Wortgruppen aus Adverb und Verb** in einem Infinitivsatz **mit *zu* erweitert,** richtet sich die Getrennt- oder Zusammenschreibung nach der Grundform des Verbs: Wird zusammengeschrieben (▶ S. 85), gilt das auch für die Erweiterung mit *zu,* z. B.: *wéglaufen* → *Es lohnt nicht, wégzulaufen.*

5 **a Kreuze für jede der folgenden Verbindungen aus Adverb und Verb an, ob Getrennt- oder Zusammenschreibung richtig ist.**
b Begründe die Getrenntschreibung.

	zusammen	getrennt
A Zwei Forscher haben ein Buch zusammen ? geschrieben, das „Schlau wie ein Fuchs“ heißt und über gehirngerechtes Lernen informiert.	☐	☐
B Die Forschung hat heraus ? gefunden, dass man Lerninhalte regelmäßig	☐	☐
wieder ? holen muss.	☐	☐
C Vielen Menschen hilft es, wenn man dem Lernstoff eine Übersicht mit allen Inhalten voraus ? schickt.	☐	☐
D Manche unterstützt es beim Auswendiglernen, wenn sie dabei ? stehen	☐	☐
oder sogar herum ? springen.	☐	☐

____

____

____

____

6 **Setze die Satzanfänge als Infinitivsätze mit zu fort.**

A Lernen funktioniert in eigenen Strukturen. Lernenden kann es helfen, ______________________

Lerninhalte in Mind-Maps • zusammen ? stellen

B Es ist sehr sinnvoll, ______________________

neue Lerninhalte in geeigneten Abständen • wieder ? holen

C Dazu sollte man den Lernstoff gut strukturieren und einteilen. So schafft man es, ______________________

neue Lerneinheiten vor Klausuren • voraus ? planen

D Lernen im Team erscheint sehr sinnvoll. Es lohnt sich also, ______________________

Aufgaben zusammen ? bearbeiten

E Damit die Arbeit im Team gelingen kann, ______________________

ist es wichtig • miteinander ? sprechen

Information **Bindestriche zur Hervorhebung und Verdeutlichung**

- Zur **Hervorhebung einzelner Bestandteile von Zusammensetzungen** und Ableitungen **kann** man einen Bindestrich setzen, z. B.: *Ich-Sucht, Lern-Strategie, Fehler-Bogen.*
- **Unübersichtliche Zusammensetzungen** können durch einen Bindestrich gegliedert werden, z. B.: *Mehrzweckhallen-Grundausstattung, Klausurtermin-Planungsprogamm.*
  Dies gilt auch für fremdsprachliche Fügungen, z. B.: *Desktop-Publishing, Learning-Center.*
- In unübersichtlichen oder sonst **schlecht lesbaren Zusammensetzungen aus gleichrangigen Adjektiven** wird ein Bindestrich gesetzt, z. B.: *französisch-deutsches Wörterbuch* (auch möglich: frz.-dt. Wörterbuch), *römisch-katholische Kirche* (auch möglich: röm.-kath. Kirche).

7 **Notiere für die unterstrichenen Zusammensetzungen besser lesbare Bindestrich-Schreibweisen.**

Lerntipps aus der Hirnforschung

Hirnforscher haben durch neurowissenschaftliche Untersuchungen herausgefunden, wie die Lernmaschinen in unseren Köpfen funktionieren. Hier ein paar Lernstrategien:

- Langzeiterinnerungen werden vor allem im Schlaf gebildet; vor dem Schlafen den Stoff noch mal ansehen!
- Das Verständnis und die Behaltensleistung werden erhöht, wenn man den Stoff anderen beibringt.
- Entspannungstechniken machen den Kopf frei!
- Elektronische Geräte und Unterbrechungsquellen beim Lernen ausschalten!
- Lernstile, wie z. B. visuellräumliche, beim Lernen berücksichtigen!

Information **Bindestriche bei Aneinanderreihungen**

- In **Aneinanderreihungen und Zusammensetzungen mit Wortgruppen** setzt man Bindestriche zwischen die einzelnen Wörter, z. B.: *das Sowohl-als-auch, Mund-zu-Mund-Beatmung, Latte-macchiato-Glas.*
  Das gilt auch, wenn **Buchstaben, Ziffern oder Abkürzungen Teile einer Zusammensetzung sind,** z. B.: *G-Moll-Tonleiter, 2.-Klasse-Abteil, 2-Zimmer-Wohnung, 1000-m-Lauf.*
- Auch **Zusammensetzungen mit Abkürzungen** werden meist mit Bindestrich geschrieben, z. B.: *IQ-Test, ca.-Preis, die 1980er-Jahre, US-amerikanische Forscher.*
  Achtung: Bei Nominalisierungen schreibt man nach dem Bindestrich groß, z. B.: *das 10-Fache.*

8 **Im Text fehlen in fünf Zusammensetzungen die Bindestriche. Trage sie ein.**

VORSICHT FEHLER!

Selbst ein erfahrener Lehrer kann leider von außen nicht sehen, ob ein Gehirn gerade lernt. Aber das weiß er:

- Lernen ist kein linearer Prozess. Eher gleicht es einer Berg und Tal Fahrt. Immer wieder muss man die Lerninhalte wiederholen und immer neue 1a Herausforderungen suchen.
- Die Social brain Forschung hat gezeigt, dass das menschliche Gehirn nicht nur ein Denk-, sondern insbesondere auch ein Beziehungsorgan ist: Menschen lernen am besten mit anderen zusammen.
- Um das Gehirn aus dem morgendlichen Stand by Modus zu holen, kann Bewegung helfen: Jonglieren beispielsweise kann helfen, Lernprozesse zu unterstützen.
- Jedes Gehirn denkt in Mustern und Strukturen. Die Struktur Lege Technik, bei der Begriffe in Zusammenhänge geordnet werden, ist dabei eine große Hilfe.

Teste dich!

Getrennt- oder Zusammenschreibung?

1 **Notiere für jede Wortgruppe mit ? die richtige Schreibung. (7 P.)**

Dem Gehirn auf die Sprünge helfen

A Schüler/-innen sollten wissen, wie man gehirn ? gerecht lernen ? kann.

B Auswendig ? lernen von Daten in Geschichte kann z. B. große Mühe ? bereiten.

C Den Einsatz eines Zeitstrahls sollte man dabei zumindest über ? denken.

D Auch Struktur hilft. Man sollte die wichtigsten Informationen zusammen ? tragen und sinnvoll ? ordnen.

2 **a Getrennt oder zusammen? Streiche jeweils die falsche Form durch. (8 P.)**
b Bei zwei Wortgruppen fehlen Bindestriche. Setze sie ein. (2 P.)

Hirnforschung trifft Schule

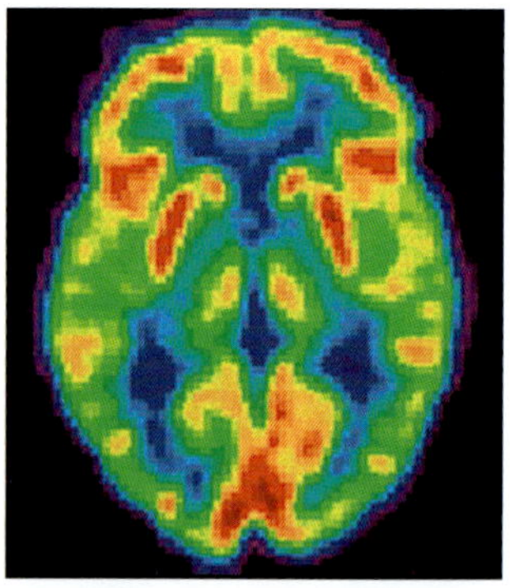

Englischunterricht in der Klasse 10 b: Michaela Sambanis, Forscherin am Sprachen Institut, wirft ihr Multimedia System aus Beamer und Laptop an, damit die Kinder die Wörter lesen können / lesenkönnen. Aber mit Lesen ist es nicht getan. Beim szenischen Lernen geht es nämlich um Bewegungen und um gemeinsames Sprechen im Chor. Beides soll einen gehirngerechten / Gehirn gerechten Lernprozess unterstützen / unter stützen. Beim Beobachten gewinnt man schnell den Eindruck, dass das Lernen auf diese Weise viel mehr Freudebereitet / Freude bereitet. Die Schüler/-innen setzen den gesamten Körper ein, um die Vokabeln szenisch wiederzugeben / wieder zu geben.
Aber es zählt nicht nur der Spaß! Professor Spitzer, ein international bekannter Experte auf dem Gebiet der Hirnforschung, hat eine Studie dazuerstellt / dazu erstellt. Er konnte belegen, dass das szenische Vokabellernen / Vokabel lernen gerade in den Fremdsprachen sehr gut funktioniert. Kurze Zeit nach dem ersten Lernen der Vokabeln sind die Kontrollgruppen zwar ähnlich gut, aber nach drei oder sechs Wochen können Kinder nach szenischem Lernen 15 von 20 Wörtern wiedergeben / wieder geben, in der Kontrollgruppe sind es gerade noch fünf.

Vergleiche deine Ergebnisse mit dem Lösungsheft. Für jede richtige Antwort bekommst du einen Punkt.

☺ 17–13 Punkte	😐 12–8 Punkte	☹ 7–0 Punkte
Gut gemacht!	Gar nicht schlecht, aber lies dir die Informationskästen auf den Seiten 84 bis 87 noch einmal genau durch.	Arbeite die Seiten 84 bis 87 noch einmal genau durch.

Strategien zur Vermeidung von Rechtschreibfehlern

Ableitungs- und Verlängerungsprobe, Probe zur Großschreibung

Methode **Tipps zum Rechtschreiben: ableiten, zerlegen und verlängern**

- **Stammprinzip (Ableitungsprobe):**
  Bist du bei einer Schreibung unsicher, hilft fast immer die Suche nach einem **verwandten Wort.** Der Wortstamm wird in fast allen verwandten Wörtern gleich oder ähnlich geschrieben, z. B.:
  – *läuten – laut, Nähe – nah.* Gibt es kein verwandtes Wort mit **a** oder **au,** schreibt man mit **e** oder **eu:** *Werke, heute, Leute.*
  – *verjähren – Jahre, Wahl – wählen.* Ein **h** nach einem betonten langen Vokal steht besonders **häufig vor den Konsonanten l, m, n** und **r** und bleibt in verwandten Wörtern erhalten.
  – *Gehweg – ge-hen.* Das silbentrennende **h** (zwischen zwei Vokalen an der Silbengrenze) bleibt in allen Wörtern der Wortfamilie erhalten.
- **Zusammengesetzte Wörter** musst du **zerlegen,** um zu prüfen, ob es für den Wortstamm verwandte Wörter gibt, die die Schreibung erklären, z. B.: *ge | mäßigt → Maß; ehr | los → Ehre; Geh | gips → gehen.*
- **Verlängerungsprobe:**
  Wenn du nicht sicher bist, ob ein Wort am Silbenende mit **t** oder **d, k** oder **g, p** oder **b, ß** oder **s** geschrieben wird, hilft die Verlängerungsprobe, z. B.: *Ort – (die) Orte, (es) grast – grasen, heiß – heißer.*
  Zusammengesetzte Wörter musst du **zerlegen,** damit du den Wortstamm verlängern kannst, z. B.: *Bad | teppich → (die) Bäder; Flug | sand → (die) Flüge, sandig; Hub | raum → heben.*

1 äu oder eu, ä oder e? Wende, wo sinnvoll, die Ableitungsprobe an und schreibe die Wörter richtig auf.

Wortspeicher

~~erb ? rmlich~~ • Exp ? rte • Geb ? de • ber ? en • gef ? hrlich • L ? te • schl ? ndern • ausw ? ndig

erbärmlich → Erbarmen,

2 **a** Kreuze die beiden Wörter an, die aufgrund des Stammprinzips mit h geschrieben werden.
b Begründe für die anderen Wörter die Schreibweise mit silbentrennendem h.

A ☐ ~~Sehstärke~~ B ☐ belohnen C ☐ Ernährung D ☐ Drehtür E ☐ Drohgebärde

Seh | stärke → se-hen,

3 Kläre die Schreibung des unklaren Lauts mit der Verlängerungsprobe.
Hinweis: Zusammengesetzte Wörter musst du zuerst zerlegen.

end | gültig → Ende,

Wortspeicher

~~end/tgültig~~ • Standard/t • Betrieb/p • empfind/tlich • Korb/ptasche • unend/tlich • leng/kbar • unerträg/klich

Methode **Probe zur Prüfung der Großschreibung**

Meist wird ein Nomen oder ein nominalisiertes Wort im Satz durch einen Nomenbegleiter angekündigt (► S. 80). Ist dies nicht der Fall, wende die **Probe** an: Prüfe, ob du einen **Nomenbegleiter ergänzen** kannst (z. B. einen Artikel). Dann schreibst du groß, z. B.: *Meist verringert (das) Trainieren von Strategien Fehler.*

4 **a Streiche bei den unterlegten Wörtern jeweils den falschen Buchstaben durch.**
b Unterstreiche bei den großgeschriebenen Wörtern Nomenbegleiter.
Bei zwei Wörtern musst du Nomenbegleiter einfügen: Schreibe sie mit möglichen Begleitern auf.

Fehlerfrei durch Strategien

Die e/Entscheidende h/Herausforderung beim g/Großschreiben von Wörtern besteht im w/Wesentlichen darin, dass n/Nominalisierungen nicht auf den ersten Blick zu erkennen sind. Meist aber hilft n/Nachdenken beim v/Vermeiden solcher Fehler. Prüfen sollte man vor allem, ob das Wort durch einen Nomenbegleiter angekündigt wird oder ob das e/Ergänzen eines Nomenbegleiters möglich ist. Dann ist nämlich klar, dass das Wort g/Großgeschrieben werden muss.

____

5 ●●● **Im folgenden Text hat das Computerprogramm die falsch geschriebenen Wörter unterstrichen.**
a Markiere in jedem unterstrichenen Wort den Fehler.
b Notiere das verbesserte Wort unten bei der Probe, die die Schreibung klärt.

Das regelmäßige wiederholen von Rechtschreibregeln ist sinnvoll, damit man beim schreiben nicht so viele Fehler macht. Das gelinkt besonders gut, wenn man eine Fehleranalyse durchführt. Man kann sich anschauen, in welchem Bereich man besonders viele Fehler macht, oder seinen Deutschlehrer um Rad bitten. Kennt man die eigenen Fehlerschwerpunkte, ist das gezielte üben effektiver. Wenn man einen Text geschrieben hat, ist sorgsames überarbeiten empfehlenswert, um vielleicht noch den einen oder anderen Fehler zu enddecken.
Fehlerfreie Texte sind besonders in Klassenarbeiten oder in offiziellen schreiben wichtig.
Des weiteren ist es für die meisten Leser endtäuschend, wenn eine Mitteilung an sie voller Rechtschreipfehler ist. Denn dadurch wird heufig däutlich, dass der Verfasser oder die Verfasserin sich beim Schreiben nicht besonders bemüt hat.

A Ableitungsprobe: ____

____

B Verlängerungsprobe: ____

____

C Artikelprobe: ____

____

____

„das" oder „dass"?

Information **Relativpronomen (das) oder Konjunktion (dass)?**

- Das **Relativpronomen „das"** leitet einen Relativsatz ein, der sich auf ein Bezugswort im Hauptsatz bezieht, z. B.: *Rechtschreibung ist ein Thema, das die meisten Menschen ihr Leben lang beschäftigt.*
  Probe: Ein Relativpronomen erkennt man daran, dass man es durch „welches" ersetzen kann, z. B.: *Rechtschreibung ist ein Thema, ~~das~~ welches die meisten Menschen ihr Leben lang beschäftigt.*
- Die **Konjunktion „dass"** leitet in der Regel einen Nebensatz ein, der auf die Fragen „Wer oder was?", „Wen oder was?" oder „Mit welcher Folge?" antwortet, z. B.:
  Es ist bekannt, dass Rechtschreibfehler einen schlechten Eindruck machen.

1 **Erkläre, warum der erste Nebensatz mit das und der zweite Nebensatz mit dass eingeleitet wird.**

Das Problem, das viele Schreiber nicht lösen können, ist die Frage nach der Schreibung von „das" mit einem oder zwei s. Dabei muss man sich klarmachen, dass die Unterscheidung gar nicht so schwierig ist.

Im ersten Nebensatz ... ______________________________

____

Im zweiten Nebensatz ... ______________________________

____

2 **a** **Prüfe bei den folgenden Sätzen, wo du „das" durch „welches" ersetzen kannst.**
Schreibe den Satz mit „welches" in dein Heft.
b **Streiche in den Sätzen die falsche Schreibung von „das/dass" durch.**

A Besonders bei Bewerbungsschreiben sollte man darauf achten, das/dass die Rechtschreibung perfekt ist. B Untersuchungen haben nämlich ergeben, das/dass fehlerhafte Rechtschreibung für die Personalverantwortlichen das wichtigste Kriterium für eine Absage ist. C Ein Anschreiben, das/dass Rechtschreibfehler enthält, braucht man also im Grunde genommen gar nicht abzuschicken.

3 **Setze in die Lücken „das" oder „dass" ein. Wende die „welches"-Probe an, wenn du unsicher bist.**

Es lässt sich leicht erklären, A ____________ Rechtschreibung für Personaler eine große Rolle spielt. Schließlich ist eine perfekte Rechtschreibung ein Hinweis darauf, B ____________ der Verfasser seine Bewerbung sehr ernst nimmt. Das Entscheidende aber, C ____________ noch hinzukommt, ist, D ____________ viele Personaler aus einem fehlerhaften Anschreiben noch weitere Schlussfolgerungen ziehen. Sie denken zum Beispiel, E ____________ jemand, der viele Rechtschreibfehler macht, auch bei anderen Aufgaben eher Fehler macht und sich insgesamt nicht gern an Regeln hält. Das Gute, F ____________ man nicht vergessen sollte, ist, G ____________ man solche Rechtschreibfehler leicht vermeiden kann.

Fremdwörter und Fachbegriffe

Information **Fremdwörter und Fachbegriffe**

- Fremdwörter sind **Wörter,** die **aus anderen Sprachen** kommen, z. B.: *Grammatik* (griech.), *Loggia* (ital.), *konservieren* (lat.), *Bonbon* (frz.), *Cliffhanger* (engl.). Häufig erkennt man sie an der Aussprache und der Schreibung, wenn sie den Regeln ihrer Herkunftssprache noch folgen.
- **Häufig gebrauchte Fremdwörter** werden **eingedeutscht,** d. h. in ihrer Schreibweise dem Deutschen angepasst. In diesen Fällen ist sowohl die eingedeutschte als auch die fremdsprachige Schreibung korrekt, z. B. *Biographie – Biografie, Spaghetti – Spagetti, Friseur – Frisör.* Hinweis: Die Wortbestandteile „graph", „phon" und „phot" können grundsätzlich auch „graf", „fon" und „fot" geschrieben werden.
- Fremdwörter aus **Fachsprachen (Fachbegriffe)** werden dagegen nicht eingedeutscht und behalten die typischen fremdsprachigen Buchstabengruppen bei, z. B.: *Strophe, Metapher, Enjambement.*

1 **a Streiche bei den folgenden Fremdwörtern jeweils das falsch geschriebene Wort durch.**
b Schreibe für jedes Wort die Bedeutung auf.

A Absorption – Absorbtion ____________________

B Akkustik – Akustik ____________________

C Algorhythmus – Algorithmus ____________________

D Monarchie – Monarchi ____________________

E Chemiekalie – Chemikalie ____________________

F Syntese – Synthese ____________________

G Hypotenuse – Hypothenuse ____________________

H Zäsur – Zesur ____________________

I Reflektion – Reflexion ____________________

J Resourcen – Ressourcen ____________________

K Rythmus – Rhythmus ____________________

L symetrisch – symmetrisch ____________________

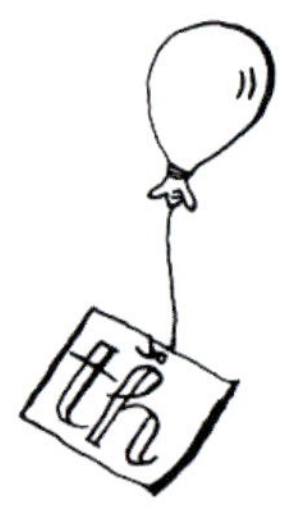

2 **Überlege, in welchen Unterrichtsfächern dir die Fachbegriffe aus Aufgabe 1 begegnen könnten und notiere es.**

____

3 **Überlege bei den folgenden Wörtern, ob neben der fremdsprachigen auch eine eingedeutschte Schreibung möglich ist. Notiere diese auf der entsprechenden Schreiblinie, wo möglich.**

A Geographie ____________ B Exposé ____________ C Philosophie ____________

D synthetisch ____________ E essentiell ____________ F Mikrophon ____________

Am PC geschriebene Texte überprüfen

Das **Rechtschreibprogramm des PCs** erkennt **viele Fehler nicht.** Man darf sich also nicht darauf bzw. auf die Korrekturfunktion verlassen, sondern muss auch am PC geschriebene Texte **selbst genau überprüfen.** Vor allem musst du selbst auf einen korrekten **Satzbau** und die **Zeichensetzung** achten.

Zu einem Auszug aus dem Roman „Im Westen nichts Neues“ (1930) von Erich Maria Remarque hat ein Schüler diesen Tagebucheintrag verfasst. Darin soll aus der Sicht eines jungen Soldaten dargestellt werden, welche Gedanken und Gefühle er nach einem schweren Gefecht gegenüber seinem früheren Lehrer Kantorek hegt. Dieser hat seine Schülern so lange überredet, bis sie sich freiwillig für den Einsatz im Ersten Weltkrieg gemeldet haben.

VORSICHT FEHLER!

Am Abend des ...

Keiner von uns wollte Feige sein. Kantorek unser Klassenlehrer ließ keine Gelegenheit aus, uns Schüler davon überzeugen, wie ehrenwert es doch wäre, als Soldat in den Krieg zu ziehen. Heute ist es mir unerklärlich, wie er es schaffen konnte, die gesammte Klasse geschlossen dazu zu bringen, sich beim Bezirkskommando zu melden. Sogar Josef Behm, der eigentlich dagegen war und niemals in den Krieg wollte, ließ sich überreden und folgte dem Apell des Lehrers. Es war Behm, der heute als erster viel. Ich werde nie vergessen, wie in ein Schuss im Gesicht traf und wir ihm zurücklassen mussten – wir dachten, er wäre tot. Es läuft mir Eis kalt den Rücken hinunter, wen ich daran denke, das wir Nachmittags plötzlich seine lauten Hilferufe und Schmerzensschreie hörten. Er schrie wie von Sinnen und lag ohne Deckung weshalb ihn dann ein tötlicher Schuss traf. Furchtbar. So viel Kummer, so viel Leid, so viele schreckliche Bilder im Kopf. Wenn ich damals geglaubt habe, der Lehrer sei eine Autorität, eine Vertrauensperson mit großen Wissen, so wurde ich durch den Krieg eines besseren belehrt. Kantorek redete von Ehre aber wir sehen und erleben, was Krieg wirklich bedeutet. Haben Todesangst. Haben Kameraden und Freunde verloren. Krieg ist die Hölle. Das weiß ich heute. Wir hätten nicht immer auf Kantorek hören sollen.

1 Der Text wurde am PC geschrieben, aber trotz Rechtschreibprüfung werden nicht alle Fehler angezeigt.

a Unterstreiche im Text Fehler, die das Rechtschreibprogramm nicht erkannt hat. Benenne sie am Rand: *Gr* = Grammatikfehler, *R* = Rechtschreibfehler, *Sb* = Satzbaufehler, *Sz* = Kommafehler.

b Setze fehlende Kommas, streiche überflüssige und korrigiere Fehler, indem du sie überschreibst.

c Benenne in Stichpunkten Gründe, warum diese Fehler vom Rechtschreibprogramm nicht angezeigt werden.

d Notiere: Warum wurde manches vom Korrekturprogramm als Fehler gekennzeichnet, obwohl du dir sicher bist, dass es richtig geschrieben ist?

Teste dich!

Strategien zur Fehlervermeidung anwenden

1 Trage die Wörter im Rahmen in der richtigen Schreibung in die Lücken ein. (10 P.)

Rechtschreibung im Internet?

Das ______________ [Kommunizieren/kommunizieren] in sozialen Netzwerken ist ein Bereich, in dem das ______________ [Beachten/beachten] von Rechtschreib-, Komma- und Grammatikregeln beim ______________ [Schreiben/schreiben] kaum eine Rolle spielt. Vor allem Jugendliche nutzen dabei ______________ [heufig/häufig] Abkürzungen, Auslassungen und Emojis. Diese Entwicklung wird von Sprachbewahrern im ______________ [Allgemeinen/allgemeinen] nicht als etwas ______________ [Positives/positives] gesehen. Sie glauben darin einen Verlust der deutschen Sprache zu ______________ [enddecken/entdecken]. Ihr ______________ [Rad/Rat] lautet, die Rechtschreibregeln nicht nur ______________ [gründlich/grüntlich] zu lernen, sondern diese auch in Kurznachrichten zu ______________ [Befolgen/befolgen].

2 „Das“ oder „dass“? Trage in jede Lücke das richtige Wort ein. (5 P.)

Der Umstand, A ______________ Rechtschreibregeln in Kurznachrichten nicht konsequent angewendet werden, wird von vielen Sprachwissenschaftlern jedoch nicht negativ bewertet. Sie erklären, B ______________ diese Art der Kommunikation auch eine andere Art der sprachlichen Ausgestaltung erfordert. Das Positive, C ______________ viele Kritiker aber nicht sehen, sei, D ______________ mit Sprache kreativ umgegangen wird. Außerdem müsse man bedenken, E ______________ der Einfluss auf die Standardsprache sehr gering sei.

3 Streiche die fünf Fremdwörter durch, die falsch geschrieben sind. (5 P.)

VORSICHT FEHLER!

Wortspeicher

retorische Frage • Poente • These • Gothik • Revoluzion • Hypotaxe • Antonym • Elipse

Vergleiche deine Ergebnisse mit dem Lösungsheft. Für jede richtige Antwort bekommst du einen Punkt.

☺ 20–17 Punkte	☺ 16–9 Punkte	☹ 8–0 Punkte
Gut gemacht!	Gar nicht schlecht, aber lies dir die Informationskästen auf den Seiten 89 bis 92 noch einmal genau durch.	Arbeite die Seiten 89 bis 93 noch einmal genau durch.

Texte überarbeiten: Strategien und Proben zur Überprüfung der Rechtschreibung

1 **a** Überarbeite den folgenden Entwurf: Unterstreiche 16 Fehler.
b Notiere in der Randspalte das verbesserte Wort und die Probe, die du zur Verbesserung angewendet hast.
A = Ableitungsprobe (Stammprinzip),
V = Verlängerungsprobe,
N = Probe zur Prüfung der Großschreibung

VORSICHT FEHLER!

Big Data, also das sammeln und analysieren riesiger Datenmengen, ist ein wichtiges Thema geworden: Beim untersuchen eines Patienten, z.B. beim röntgen, bei Blutuntersuchungen oder Setests, wird eine große Menge an Patientendaten erzeukt. Wenn diese systematisch analysiert werden, kann man die Behandlung von Patienten besser stäuern und so däutlich optimieren. Dies gelinkt z.B., wenn man die Patientendaten mit anderen vergleicht und daraus eine besonders erfolkreiche Beträuung, Behandlungsmethode oder Medikation ableitet. Dies fräut schlussentlich auch die Krankenkassen, da man die kosten für täure Behandlungen dadurch endscheidend senken kann.

2 Überarbeite den folgenden Text: Unterstreiche alle Stellen, an denen „das/dass" falsch geschrieben wurde, und setze in diesen Fällen die richtige Form in die Lücken.

VORSICHT FEHLER!

Mediziner weisen darauf hin, das ______ Big Data einen Patienten auch bei Fragen der gesunden Ernährung beraten kann. Schließlich ist bekannt, das ______ immer mehr Menschen ihre Lebensmittel online im Jnternet bestellen. Das ______ Besondere, dass ______ damit verbunden ist, ist die Möglichkeit der Verknüpfung verschiedener Daten. So weisen Ernährungswissenschaftler darauf hin, dass ______ das Online-Versandhaus, das ______ die Jnhaltsstoffe der ausgewählten Lebensmittel in Beziehung setzt, Kaufempfehlungen im Sinne einer gesunden Ernährung geben kann. Denkbar wäre auch, das ______ Online-Händler mit Ärzten oder Krankenkassen zusammenarbeiten. Das ______ würde bedeuten, das ______ Hinweise auf Diabetes oder Laktoseintoleranz beim Kauf mit berücksichtigt werden können.

3 **Überarbeite den folgenden Entwurf für einen informierenden Text. Unterstreiche 25 Fehler und notiere in der Randspalte das verbesserte Wort.**

VORSICHT FEHLER!

Mit Hilfe von Big Data kann man sogar Säuchen und Epedemien eindemmen. Das verarbeiten und analysieren riesiger Datenmengen zu Jnfektionskrankheiten wie Ebola, Colera oder Lassa-Fieber kann nämlich dafür sorgen, das man schnell die aktuelle Lage erfassen und mögliche Entwicklungen simmulieren kann.

Des weiteren kann das schnelle erfassen von Verdachtsfellen besonders ansteckender Krankheiten dabei helfen, das vor Ort eine weitere Ausbreitung der Krankheit verhindert wird. Das Hasso-Plattner-Jnstitut, dass intensiev zu diesem Thema forscht, teilt mit, das in diesem Zusammenhang vor allem das auffinden und befragen von möglichen Kontaktpersonen wichtig ist. Beim letzten Ebola-Ausbruch in Nigeria wurden Personen, die mit infizierten Kontakt hatten, täglich von medizinischem Personal besucht und befragt. Dies soll künftik mit Hilfe endsprechender Apps erleichtert werden, die in Echtzeit Auffelligkeiten erfassen und rückmelden.

Dies ist nämlich die Bedingung dafür, das möglichst schnell endscheidende Gegenmaßnahmen eingeleitet werden, um ein weiteres ausbreiten der Krankheit wirgsam zu verhindern.

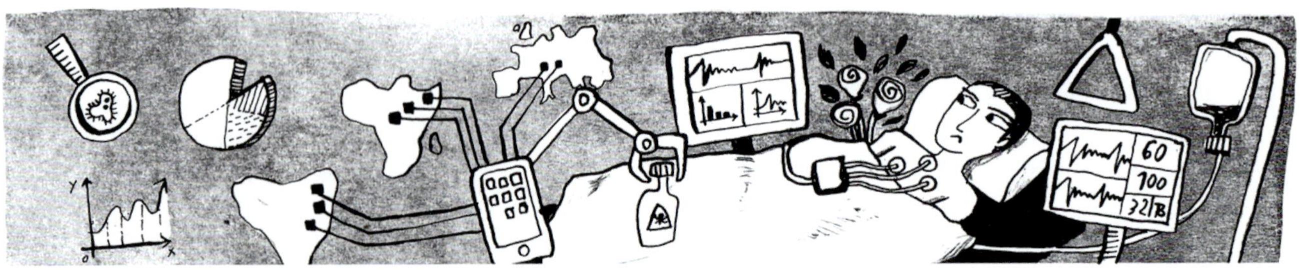

Texte überarbeiten: Zeichensetzung

Die Kommasetzung in Satzreihen und Satzgefügen

Information **Das Komma in Satzreihe (Hs + Hs) und Satzgefüge (Hs + Ns)**

- Die einzelnen **Hauptsätze einer Satzreihe** werden durch **Komma** voneinander getrennt, z. B:
Schon im Mittelalter war die Selbstdarstellung beliebt, Porträts leisteten sich vorwiegend Reiche.
Häufig werden Hauptsätze durch nebenordnende Konjunktionen wie *und, oder, aber, doch, sondern, denn* miteinander verbunden. Nur vor den Konjunktionen *und* bzw. *oder* darf das Komma entfallen, z. B.:
Wer wichtige Menschen oder Vorbilder trifft, möchte den Moment gern festhalten (,) und er möchte sich dabei selbst mit abbilden.
- **Zwischen Haupt- und Nebensatz** (Satzgefüge, ▶ S. 69) muss immer ein **Komma** stehen. Ein Nebensatz kann **vor, zwischen oder hinter dem Hauptsatz** stehen. Ein Satzgefüge kann mehrere Nebensätze enthalten, die alle mit Komma abgetrennt werden, z. B.:
Die Frage, ob man Selfies mit Staatsvertretern verbieten sollte, wird immer wieder diskutiert.

1 a **In den folgenden Sätzen fehlen sieben Kommas. Trage sie ein.**
b **Unterstreiche die Nebensätze. Prüfe so, ob du alle Kommas richtig gesetzt hast.**

VORSICHT FEHLER!

Selfies? Nichts wirklich Neues ...

Porträts haben unterschiedliche Funktionen die wesentlich von ihrem Gebrauch abhängen. Diese sind durch den Erinnerungswert des Porträts bestimmt sie sind also an einen individuellen Menschen gebunden der durch seinen sozialen Rang, seine Persönlichkeit oder seine besonderen Taten bildniswürdig ist. Als Beispiele dafür sind ägyptische Mumienporträts ebenso wie Stifterbilder und Totenmasken zu nennen aber auch Porträts von Zeremonien wie Hochzeitsfotos oder Inthronisationsporträts[1] von Monarchen. In der Politik wird ein Herrscherbild oder das Porträt eines Regierungschefs oft als staatliches Symbol gebraucht es ziert öffentliche Gebäude, Münzen, Banknoten oder auch Briefmarken. In der bürgerlichen Briefkultur von der Aufklärung bis zur Moderne dienten Porträts die einem Schreiben beigelegt wurden zur Festigung der Beziehungen.

1 Inthronisation: Thronbesteigung

2 a **Unterstreiche im folgenden Text falsch gesetzte Kommas.**
●●● b **Markiere das Komma, das stehen darf, aber nicht muss.**
c **Schreibe den Text verbessert in dein Heft. Setze alle fehlenden Kommas.**

VORSICHT FEHLER!

Selfies sind meist mit dem Smartphone am langen Arm aufgenommene Selbstporträts sie werden, vor allem über soziale Netzwerke verbreitet. Mit der rasanten Ausbreitung der Smartphones mit Frontkamera begann ein wahrer Handyfoto-Boom, und das „Selfie“ zog in den allgemeinen Sprachgebrauch ein. Das Oxford English Dictionary, wählte den Begriff 2013 zum Wort des Jahres. Selfies werden bei jeder Gelegenheit geschossen ob es vor Sehenswürdigkeiten, oder beim Feiern mit Freunden ist auch, Prominente machen mit. Jedes fünfte Selfie entsteht Umfragen zufolge in einer Gruppe, bekannt sind vor allem Fotos jubelnder Fußballer aus der Mannschaftskabine nach einem Sieg. Es scheint als gebe es kaum noch jemanden der, kein Selbstbild von sich postet.

Das Komma in Infinitivsätzen

Information **Das Komma in Infinitivsätzen**

Ein **Komma muss** stehen,
- wenn der Infinitivsatz mit *um, anstatt, statt, außer, ohne, als* eingeleitet wird, z. B.: *Ich mache Selfies,* ***um*** *eine Urlaubserinnerung zu haben.*
- wenn der Infinitivsatz von einem Nomen oder einem hinweisenden Wort wie *dazu, daran, darauf* oder *es* im Hauptsatz abhängt, z. B.: *Das Posten von Selfies während des Urlaubs dient* ***dazu,*** *die eigene Reisefreude mitzuteilen.*

Bei einfachen Infinitiven kann das Komma entfallen, z. B.: *Ich hoffe(,) zu posten.*
Hinweis: Bei Infinitivsätzen empfiehlt es sich, immer Kommas zu setzen, weil sie die Gliederung eines Satzes verdeutlichen, niemals falsch sind und Missverständnisse vermeiden, z. B.:
Ich plane im Urlaub, coole Selfies zu machen. – Ich plane, im Urlaub coole Selfies zu machen.

1 **a** **Unterstreiche die Infinitivsätze und markiere einleitende bzw. hinweisende Wörter.**
b **Prüfe, ob die Kommas richtig gesetzt sind: Streiche falsch gesetzte Kommas durch, ergänze fehlende Kommas.**

VORSICHT FEHLER!

Bei Facebook & Co. Einbrecher einladen

„Und wo wart ihr heute Morgen um zu frühstücken?“, fragt Paul über einen Kurznachrichtendienst. Dazu postet er ein Selbstporträt um seinen Meerblick mit Palmen zu demonstrieren. „Das Posten von Urlaubsfotos dient leider nicht nur, dazu Urlaubsgrüße zu verschicken“, lautet der Kommentar der Polizei, „denn manche, geben sogar ihren Klarnamen preis statt persönliche Daten zu verheimlichen.“ „Natürlich nutzen Einbrecher soziale Netzwerke um Opfer auszuspähen“, sagt ein ehemaliger Täter. Mittlerweile, hält er Vorträge um Verhaltensweisen der kriminellen Szene zu erläutern. Anstatt, wie früher durch die Straßen zu schleichen und auf überfüllte Briefkästen oder geschlossene Rollläden zu achten, kundschaften die Kriminellen ohne große Anstrengung Opfer über das Internet aus. Ohne über mögliche Folgen, nachzudenken weisen nicht wenige durch automatische Antworten des E-Mail-Programms mit Angaben der Urlaubsdaten oder entsprechende Ansagen auf Anrufbeantwortern auf verlassene Wohnungen hin. Um solch unbedarfte Nutzer, mit einem Augenzwinkern aufzuklären hat die Polizei Hagen ihre Warnung bei Facebook gepostet.

2 **Lies die Warnung der Polizei. Erkläre die Kommasetzung des Infinitivsatzes. Schreibe in dein Heft.**

3 **Wo kann im folgenden Satz sinnvoll ein Komma stehen? Füge es ein.**

Schon jetzt verspricht die Kampagne der Polizei durch Tausende von Klicks ein Erfolg zu werden.

Das Komma bei Appositionen und Erläuterungen

Information **Die Kommasetzung bei Appositionen und nachgestellten Erläuterungen**

- Die **Apposition** ist eine besondere Form des Attributs und besteht in der Regel aus einem Nomen oder einer Nomengruppe. Sie folgt ihrem Bezugswort, steht im gleichen Kasus wie dieses und wird **durch Kommas abgetrennt,** z. B.:
  *Während der Jugendzeit**,** einer Zeit voller Abenteuerlust**,** gibt es manchmal ausgefallene Mutproben.*
- **Die nachgestellte Erläuterung** wird oft mit Wörtern wie *nämlich, und zwar, vor allem, das heißt (d. h.), zum Beispiel (z. B.)* eingeleitet. Sie wird **durch Komma(s) abgetrennt,** z. B.:
  *Eine riskante Situation kann auf den ersten Blick imposant erscheinen**,** vor allem für andere.*

1 **a** **Setze im folgenden Text die fehlenden Kommas.**
b **Unterstreiche bei Appositionen und nachgestellten Erläuterungen einleitende Wörter, wo vorhanden.**

VORSICHT FEHLER!

Broschüre warnt vor gefährlichen Selbstinszenierungen

Immer mehr Jugendliche vor allem Hasardeure[1] klettern ungesichert auf Wolkenkratzer oder surfen auf fahrenden Zügen alles nur für ein vermeintlich cooles Selfie. Das russische Innenministerium trug eine schockierende Bilanz vor: Seit Jahresbeginn 2015 d. h. von Januar bis Juli sind in dem Land zehn Menschen bei dem Versuch gestorben, ein „cooles" Selfie also ein Foto von sich selbst in einer gefährlichen Situation zu machen. Mindestens weitere 100 Abenteuersüchtige wurden verletzt und zwar in erheblichem Umfang. Das Innenministerium will dem tödlichen Trend jetzt entgegenwirken nämlich mit der Broschüre „Sichere Selfies". „Ein cooles Selfie kann dich dein Leben kosten", heißt es da die Warnung plakativ hervorhebend. Piktogramme vorwiegend in Verbotsschild-Optik zeigen zahlreiche Situationen teils absurd gefährlich in denen man auf keinen Fall auch nur an ein Selfie denken sollte.

1 Hasardeur: jemand, der verantwortungslos handelt und alles aufs Spiel setzt

2 **Erkläre die Kommasetzung in den folgenden Sätzen mit Hilfe der Informationen aus dem Kasten oben.**

A Auch in Deutschland ist die gefährliche Selbstinszenierung längst angekommen, laut Bundespolizei schon seit einigen Jahren. B 2011 hatte ein Zug im schwäbischen Memmingen zwei Jugendliche getötet, und zwar beim Fotografieren. C Die beiden Mädchen, eine 13- und eine 16-Jährige, hatten zuvor schon verschiedene Fotos von sich auf Bahnschienen über ihre sozialen Netzwerke verbreitet. D Für ein Selfie kletterten drei Mädchen, leicht angetrunken, die Böschung an einer Eisenbahnbrücke in Bremen hoch und posierten auf den Gleisen. E Der Lokführer des Regionalzuges, ein erfahrener Mann, konnte rechtzeitig bremsen und kam kurz vor den drei Teenagern zum Stehen, allerdings nicht ohne Schockerfahrung.

A ______________________ B ______________________

C ______________________ D ______________________

E ______________________

Die Zeichensetzung bei Zitaten

Information **Richtig zitieren: Textstellen wörtlich wiedergeben**

Wörtlich wiedergegebene Textstellen (Zitate) müssen durch **Anführungszeichen** gekennzeichnet werden. Innerhalb des gekennzeichneten Zitats darf der **Originaltext nicht verändert** werden. Geringfügige Änderungen werden durch [eckige] Klammern, Auslassungen durch […] gekennzeichnet. Treffen **Punkt, Frage- oder Ausrufezeichen** mit den Anführungszeichen zusammen, stehen die Satzschlusszeichen

- **außerhalb der Anführungszeichen,** wenn sie nicht zu der zitierten Äußerung gehören, z. B.: *Immer wieder gibt es Diskussionen über die Frage „Ist die kommerzielle Verwertung von Aufnahmen bekannter Bauwerke im öffentlichen Raum uneingeschränkt erlaubt?“.*
- **innerhalb der Anführungszeichen,** wenn sie zu der wiedergegebenen Äußerung gehören, z. B.: *„Können Fotografen in öffentlichen Parks wie Sanssouci Gebäude ohne Genehmigung fotografieren und diese in Bilddatenbanken zum Vertrieb anbieten?“, fragt die Stiftung Preußische Schlösser und Gärten.*
  Bei einem angeführten Satz lässt man den Schlusspunkt am Ende des Zitats weg, z. B.:
  Eigentümer von Gärten und Parkanlagen können Fotoaufnahmen reglementieren.
  „Eigentümer von Gärten und Parkanlagen können Fotoaufnahmen reglementieren“, das entschied der Bundesgerichtshof (BGH) am 17. Dezember 2010.

1 **Prüfe die Zitierweise des folgenden Paragrafen: Unterstreiche die Fehlerstellen mit Rot und verbessere im Heft.**

Paragraf 59 des Urheberrechtsgesetzes (UrhG)
(1) Zulässig ist, Werke, die sich bleibend an öffentlichen Wegen, Straßen oder Plätzen befinden, mit Mitteln der Malerei oder Grafik, durch Lichtbild oder durch Film zu vervielfältigen, zu verbreiten und öffentlich wiederzugeben. Bei Bauwerken erstrecken sich diese Befugnisse nur auf die äußere Ansicht.

VORSICHT FEHLER!

A Paragraf 59 des Urheberrechtsgesetzes (UrhG) gestattet es, Werke, die sich „bleibend an öffentlichen Wegen, Straßen oder Plätzen befinden, mit Mitteln der Malerei oder Grafik, durch Lichtbild oder durch Film zu vervielfältigen, zu verbreiten und öffentlich wiederzugeben.“ Klärend heißt es weiter, dass dies jedoch bei Bauwerken „nur für die äußere Ansicht“ gilt.

B Laut Paragraf 59 des Urheberrechtsgesetzes (UrhG) ist es nicht untersagt, bleibende Werke „an öffentlichen Wegen, Straßen oder Plätzen durch Lichtbild oder durch Film zu vervielfältigen, zu verbreiten und öffentlich wiederzugeben“. „Bei Bauwerken erstrecken sich diese Befugnisse nur auf die äußere Ansicht.“, heißt es weiter.

2 ●●● **Schreibe den Text in dein Heft und ergänze alle fehlenden Zeichen (Anführungszeichen, Komma, Satzschlusszeichen).**

VORSICHT FEHLER!

Recht auf Panoramafreiheit

Schlagzeilen wie Verwertung bleibt legal oder EU-Parlament zu Panoramafreiheit Klicken und Posten – kein Problem oder „Selfies vor öffentlichen Gebäuden bleiben erlaubt kursierten im Juli 2015. Entscheidungen trifft die EU-Kommission. Und die, verspricht EU-Kommissar Günther Oettinger, hat nicht vor, die Panoramafreiheit einzuschränken: Was man als Bürger auf öffentlichen Plätzen und Straßen in Europa sehen darf, sollte man auch mit der Kamera fotografieren dürfen. Aber: Panoramafreiheit gilt nicht überall. Mancherorts können historische Bauwerke abgelichtet werden, moderne Kunst nicht. Sollte die Panoramafreiheit beschränkt werden, wäre Wikipedia massiv davon betroffen, schreibt Jimmy Wales in der britischen Tageszeitung „The Guardian“. Und weiter: Hunderttausende Bilder auf Wikipedia wären Gegenstand dieser Urheberrechtsbeschränkungen und der Gefahr ausgesetzt, entfernt zu werden.

Teste dich!

Zeichensetzung

1 **Im folgenden Text fehlen Kommas. Trage sie ein. (8 P.)**

VORSICHT FEHLER!

Biometrie[1]

Das Gesicht eines der wichtigsten biometrischen Merkmale des Menschen steht im Mittelpunkt der Identifizierungsmöglichkeiten. Gesichtserkennung meint die Analyse der Ausprägung sichtbarer Merkmale im vorderen Bereich des Kopfes also geometrische Anordnung und Eigenschaften der Oberfläche. Fachleute unterscheiden zwischen der Erkennung eines Gesichts im Bild und dessen Zuordnung zu einer bestimmten Person: Im ersten Fall wird geprüft ob und wo ein Gesicht zu sehen ist im zweiten um wen es sich handelt. Im englischen Sprachraum wird bei einer Gesichtserkennung durch Menschen von *face perception* gesprochen eine Gesichtserkennung durch Maschinen wird als *face recognition* bezeichnet. Es ist möglich Überwachungskameras im öffentlichen Raum mit Systemen der Gesichtserkennung auszustatten.

1 Biometrie: automatisierte Erkennung von Menschen, basierend auf ihren Verhaltens- und biologischen Merkmalen

2 **Prüfe die Kommasetzung. Schreibe die entsprechende Ziffer hinter das Komma: *1* muss stehen, *2* darf nicht stehen. (8 P.)**

VORSICHT FEHLER!

Selbst, ☐ wer auf Facebook sein Gesicht nur schemenhaft präsentiert, ☐ hat möglicherweise keine Chance auf Nicht-Erkennen. Facebook-Forscher entwickelten einen Algorithmus, ☐ der Menschen auf Fotos auch dann erkennen kann, ☐ wenn ihr Gesicht nicht klar zu sehen ist. Der Algorithmus verwendet demnach Eigenschaften, ☐ z. B. Frisur, Kleidung, Figur und Körperhaltung, ☐ um eine Person zu identifizieren. In den USA, ☐ und einigen anderen Ländern setzt Facebook auch Verfahren der klassischen Gesichtserkennung ein, ☐ aber in Deutschland verzichtet das Netzwerk bisher darauf.

3 **Die Kennzeichnung von Zitaten im folgenden Text weist Fehler auf. Unterstreiche sie und schreibe den Text verbessert ins Heft. (5 P.)**

VORSICHT FEHLER!

Bei der Bilderkennung sollen heute nicht nur Gesichter, sondern viele verschiedene Dinge erkannt werden.“, erklärt Prof. Ortwin Kox vom Lehrstuhl für Bildverarbeitung der Universität Erfurt“. Die Algorithmen würden zwar mit Millionen von Einzelbildern trainiert und verbesserten sich stetig, doch Fehler ließen sich bei dieser „komplizierten Aufgabe“ nicht ausschließen.“ Denn, so Kox „nach wie vor verstehen Computer die Welt bei Weitem nicht so gut wie Menschen.“

Vergleiche deine Ergebnisse mit dem Lösungsheft. Für jede richtige Antwort bekommst du einen Punkt.

☺ 21–17 Punkte	😐 16–11 Punkte	☹ 10–0 Punkte
Gut gemacht!	Gar nicht schlecht, aber lies dir die Informationskästen auf den Seiten 96 bis 99 noch einmal genau durch.	Arbeite die Seiten 96 bis 99 noch einmal genau durch.

Ich teste meinen Lernstand

Wie kannst du mit der folgenden Einheit arbeiten?

1 Der folgende Test (▶ S. 102–111) hilft dir zu erkennen, was du im Fach Deutsch schon alles gelernt hast: Was weiß ich? Was kann ich? Wo bin ich noch unsicher? Wo habe ich Lücken?
Du kannst mit dem Test verschiedene Bereiche prüfen:
– das **Verstehen von literarischen Prosatexten** (▶ Aufgaben Teil **A**).
– das **Verstehen von Gedichten** (▶ Aufgaben Teil **B**).
– das **Schreiben von argumentierenden Texten im Anschluss an einen Sachtext** (▶ Aufgaben Teil **C**).
– **Sprache und Grammatik** (▶ Aufgaben Teil **D**).
Am Ende des Schuljahres kannst du herausfinden, ob du erfolgreich gelernt hast. In der Mitte des Schuljahres kannst du testen, wo du Schwächen hast und was du noch einmal üben musst.

2 In dem Test begegnen dir verschiedene **Aufgabenarten,** z. B.: in einer Auswahl an möglichen Antworten die richtige ankreuzen (Multiple-Choice), Informationen passend zuordnen, Kurzantworten geben oder zu Materialien einen argumentierenden Text schreiben.

3 Lies die Texte und die **Aufgabenstellungen** immer sehr aufmerksam und überlege, bevor du z. B. vorschnell ankreuzt, ob du jeweils **genau verstanden** hast, was verlangt wird.

4 Du kannst deine Antworten mit Hilfe des Lösungsheftes selbst prüfen und anhand der erreichten Punktzahl deinen **Lernstand bewerten.**

A Texte verstehen (Prosa)

Lies die Kurzgeschichte und löse die Aufgaben auf den nächsten Seiten.
Beachte: Bei Multiple-Choice-Aufgaben ist immer nur eine Lösung richtig.

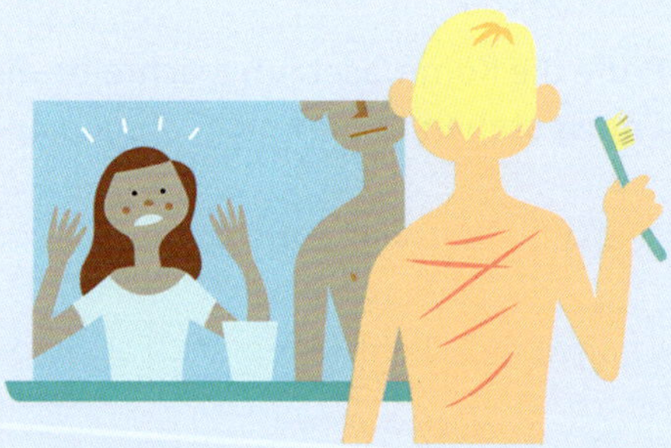

Marlene Röder

Scherben

Ich bin unvorsichtig geworden. Wie schnell das geht. Zu Hause wäre mir das nie passiert. Ich bin müde, daran liegt es. Seit ich hier bin, könnte ich die ganze Zeit nur schlafen.
Sie haben mir ein Zimmer gegeben mit Modellflugzeugen, die von der Decke hängen. An eine Wand ist ein Regenbogen gesprayt. „Was ist denn das für ein Babyzimmer?“, hab ich gefragt. Ich bin fast vierzehn, Mann. „Das ist das Zimmer von meinem Bruder“, hat das Mädchen gesagt, und Alter, wie die dabei geguckt hat. Als würde sie mir jeden Knochen im Leib einzeln brechen, wenn ich die Scheißflugzeuge auch nur schief angucke. „Und wo ist er, dein Bruder?“, hab ich gefragt. Weil, hey, ich hätte ein Problem damit, wenn meine Alten einfach jemand in meinem Zimmer pennen lassen würden, selbst wenn es ein Babyzimmer ist. Aber diese Pfarrerskinder, die sind wohl sozial erzogen. Nächstenliebe und so was. „Er ist tot“, hat sie gesagt und auf den Fußboden geschaut: „Er hatte Muskelschwund.“ Ich starre sie an und stelle mir einen Jungen vor, der sich langsam auflöst, die Muskeln flutschen zurück wie Spaghetti, bis er nur noch ein Häufchen Knochen ist, überspannt von Haut. Und auseinanderfällt.
Bestimmt hätte ich da was sagen sollen, irgendwas mit herzlich ... Aber das Einzige, was mir eingefallen ist, war herzlichen Glückwunsch, und das passte ja wohl nicht. Also hab ich nur gesagt: „Toll, das Zimmer von ’nem Toten.“
Auf dem Schreibtisch steht sogar noch ein angefangenes Modellflugzeug, steht da wie in einem Scheißmuseum, und manchmal bastle ich ein bisschen rum, nur um die Pfarrersippschaft[1] zu ärgern. Neulich kam der Pfarrer himself ins Zimmer, um irgendwelches Gerichtszeug mit mir zu besprechen. Ich hab gesehen, dass er es sofort gemerkt hat, er hat auf das Flugzeug gestarrt und ich dachte, gleich fängt er an zu flennen[2] oder scheuert mir eine, aber stattdessen hat er mich angeguckt und dann hat er versucht zu lächeln.

1 Sippschaft: Familienangehörige, Familienanhang
2 flennen: umgangssprachlich für weinen

Kein Wunder, dass man da lasch wird. Dass man nicht mehr aufpasst, dass man vergisst, die Tür abzuschließen, wenn man morgens mit müdem Kopf ins Bad trottet. Zu Hause wär mir das nie passiert.

Ich stehe in Boxershorts vorm Waschbecken und spüle mir die Zahnpasta aus dem Mund. Als ich wieder hochgucke, sehe ich in dem großen Spiegel, dass das Mädchen hinter mir in der offenen Tür steht. Sie starrt mich an, starrt meinen Rücken an, die Striemen, wo der Arsch mich mit dem Gürtel ... Und meine Mutter, die zugesehen hat, bisschen geflennt, aber zugesehen ...

Und jetzt sieht das Mädchen das alles, und ich steh da mit einem Rest Zahnpasta im Mundwinkel und hab mich noch nie so scheißnackt gefühlt. Ich wirbel herum, aber ihr Blick geht an mir vorbei, es ist immer noch alles sichtbar im Spiegel, und wie kann das sein, dass sie morgens schon so aussieht, mit dem langen, rotbraunen Haar, das ihr über die Schulter fällt, makellos, ja, das ist das Wort. Ihre Augen sind geweitet, sie guckt mich an wie etwas, was runtergefallen und kaputtgegangen ist, schade drum. Und dann gräbt sich diese Furche in ihre Stirn – oh, tut mir so leid für dich – und am liebsten würde ich sie schlagen. Stattdessen schreie ich sie an und schmeiße meine Zahnbürste nach ihr, dass der Schreck das andere in ihren Augen auslöscht. Ich schmeiße auch den Zahnputzbecher und die Cremes, den Rasierapparat und überhaupt alles, was in Reichweite ist. Aus einem kleinen Schnitt am Kinn des Mädchens tropft Blut, aber es bleibt immer noch stehen. Zuletzt knalle ich die Seifenschale aus poliertem Stein gegen den großen Wandspiegel. WUMM! Mit einem befriedigenden Krachen explodiert er und die Scherben regnen glitzernd runter. Da läuft sie endlich weg.

Mein Herz hämmert. Mir ist so heiß. Ich will meine Haut ausziehen und das alte zerknüllte Ding in den Korb für die schmutzige Wäsche schmeißen. Ich will mich hinlegen, mit dem Gesicht auf die kühlen Fliesen, 'ne Runde ausruhen. Aber das geht nicht, alles ist voller Scherben.

Das war's dann wohl mit dem Pfarrershaus. Nachdem ich ihr Bad zerlegt habe, schmeißen die mich raus. Ware ja klar, dass so was passiert. Aus irgendeinem Grund muss ich an das halb fertige Modellflugzeug denken, während ich in diesem Trümmerhaufen rumstehe. Alles voller Scherben und ich barfuß. Keine Ahnung, wie ich hier je wieder wegkommen soll.

Es klopft an der Badezimmertür. „Kann ich reinkommen?“, fragt eine Männerstimme. „Meinetwegen.“ Was soll ich auch sonst sagen? Erwachsene machen eh, was sie wollen, egal, was du davon hältst. Es ist der Pfarrer. Bestimmt hat seine Tochter ihn geholt, weil sie Angst vor dem Verrückten im Bad hat. Bestimmt ist er wütend, weil ich sie mit Sachen beworfen habe, aber sein Gesicht bleibt ganz ruhig. Er sieht sich in dem zertrümmerten Bad um, dann sieht er mich an.

Die Scherben knirschen unter seinen Sohlen, als er auf mich zukommt. Er trägt Schuhe. Mein Körper spannt sich. Da breitet er linkisch[3] die Arme aus und ich kapiere, dass er mich hochheben will, mich über die Scherben hinwegtragen wie einen kleinen Jungen.

Aus irgendeinem Grund tut das mehr weh, als wenn er mich geschlagen hätte. Ich mache einen Schritt rückwärts, suche nach Worten und finde welche, mit denen ich ihn schlagen kann: „Nur weil dein Sohn tot ist ... Ich brauch niemanden, der mich rettet, kapiert!“

Die Arme des Pfarrers sinken langsam herab, auch in seinem Gesicht sinkt etwas und ich schaue weg.

„Ich hab keinen Muskelschwund! Ich hab jede Menge Muskeln!“, sage ich, denn ich bin fast vierzehn. Und dann laufe ich über die Scherben zur Tür. Ich merke, wie die Scherben in meine nackten Füße schneiden, aber ich laufe weiter.

3 linkisch: so, dass sich jemand ungeschickt verhält

Aufgabe 1 (Inhaltssicherung)

3 Punkte

Kreuze für jede der folgenden Aussagen an, ob sie richtig oder falsch ist.

	richtig	falsch
A Der Protagonist ist ein selbstbewusster Junge.	☐	☐
B Er wird von der Pfarrersfamilie liebevoll aufgenommen.	☐	☐
C Seine Unterbringung gefällt ihm gut.	☐	☐
D Er hat früher in seiner Familie unter Gewalt gelitten.	☐	☐
E Die Situation im Bad überfordert ihn.	☐	☐
F Am Schluss vertraut er dem Pfarrer und nimmt die Hilfe der Familie an.	☐	☐

☐ Punkte

Aufgabe 2 (Bausteine Einleitung) 5 Punkte

Welche Informationen gehören in eine Einleitung zu einer Textinterpretation? Kreuze die richtigen Antworten an.

- ☐ Autor/in
- ☐ Höhepunkt/Wendepunkt
- ☐ Textsorte
- ☐ Thema/Kernaussage
- ☐ Titel
- ☐ Quelle
- ☐ erste Eindrücke/Assoziationen
- ☐ Figurenkonstellation

☐ Punkte

Aufgabe 3 (Einleitung ausformulieren) 3 Punkte

Formuliere eine Einleitung.

____

____

____

______________________________ ☐ Punkte

Aufgabe 4 (Hauptteil – Einstieg: Inhalt) 8 Punkte

Im Hauptteil klärt man zunächst den Inhalt; dazu gehören: Zeit und Ort, die handelnden Personen sowie ein kurzer Überblick über die Handlung.

a Suche in der Kurzgeschichte nach Informationen zu Zeit und Ort. Was fällt dir auf? Notiere deine Beobachtung in einem Satz und stelle eine Vermutung zum Hintergrund an.

Über Zeit und Ort der Handlung erfährt … ______________________________

____

____

b Ordne den handelnden Personen passende Eigenschaften zu.

Junge: ______________________________

Pfarrer: ______________________________

Tochter: ______________________________

c Welche kurze Zusammenfassung gibt den Inhalt am besten wieder? Kreuze an.

☐ Die Kurzgeschichte handelt von einem Jungen, der in einer Pflegefamilie aufgenommen wird. Aufgrund seiner traumatischen Vorgeschichte fällt es dem Protagonisten schwer, sich in die Familie zu integrieren und Vertrauen aufzubauen. Diese Spannung entlädt sich eines Morgens, als er vor dem Badspiegel von seinen Erinnerungen übermannt wird. Der Junge kann weder von der Tochter noch vom herbeigeeilten Pflegevater Hilfe annehmen.

☐ In der Kurzgeschichte wird von einem Jungen erzählt, der zu einer Pflegefamilie kommt und sich dort unmöglich benimmt. Er beleidigt alle und zerstört dann das Badezimmer.

☐ Punkte

Aufgabe 5 (Hauptteil – Leitmotiv klären)

3 Punkte

Die Überschrift „Scherben“ ist zugleich ein Leitmotiv:
Welche Aspekte der Geschichte werden damit treffend beschrieben?

____

____

______________________________ ☐ Punkte

Aufgabe 6 (Hauptteil – Aufbau)

4 Punkte

Verbinde die Sätze so durch Linien, dass sie den Aufbau der Geschichte richtig wiedergeben.

A Die Überschrift „Scherben“...

B Am Anfang der Kurzgeschichte ...

C Den Wendepunkt der Geschichte ...

D Der Schluss ...

1 erfährt man aus der Perspektive des Jungen die Hintergründe ...

2 benennt ein wichtiges Leitmotiv des Textes. Darin kommt nicht nur der zerstörte Badezimmerspiegel zum Ausdruck, auch das Gefühlsleben des Protagonisten lässt sich damit beschreiben. Ebenso die Situation in der Pflegefamilie.

3 ist nicht versöhnlich, sondern lässt den Leser eher betroffen und ratlos zurück. Der Junge schlägt die Hilfe des Pfarrers aus und ...

4 markiert die Szene im Bad: Beim Blick in den Spiegel wird der Junge von seinen Erinnerungen eingeholt – er verliert die Kontrolle.

☐ Punkte

Aufgabe 7 (Hauptteil – Erzählform)

1 Punkt

Kreuze die richtige Antwort an. Die Kurzgeschichte ist in folgender Erzählform geschrieben:

☐ auktoriale Erzählform. ☐ personale Erzählform. ☐ neutrale Erzählform.

☐ Punkt

Aufgabe 8 (Hauptteil – sprachliche Mittel)

3 Punkte

In der Kurzgeschichte finden sich einige besondere sprachliche Mittel. Notiere Beispiele und Zeilenangaben für ...

Jugendsprache: ______________________________

____

unvollständige Sätze: ______________________________

____

Symbole: ______________________________

☐ Punkte

Aufgabe 9 (Hauptteil – Einstieg: Inhalt)

3 Punkte

Drei Schüler/innen haben die Textaussage gedeutet.
Welcher der drei Deutungen kannst du zustimmen? Begründe mit Bezug auf den Text.

A **Lara:** In diesem Text wird dargestellt, wie gewalttätig Jungen sein können.	B **Luis:** Die Autorin thematisiert das Leid von jugendlichen Opfern häuslicher Gewalt.	C **Özlem:** In diesem Text wird gezeigt, dass man seine Probleme selbst lösen soll.

____

____ ☐ Punkte

B Texte verstehen (Gedicht)

Lies das Gedicht und löse die Aufgaben auf den nächsten Seiten.
Beachte: Bei Multiple-Choice-Aufgaben ist immer nur eine Lösung richtig.

Mascha Kaléko

Alle Mütter ... (1933)

Alle Mütter waren einmal klein.
Kinder können das oft gar nicht fassen
Wenn die Kinderschuhe nicht mehr passen,
Fällt es ihnen wohl zuweilen ein.
Große Kinder suchen fremde Gassen,
Mütter bleiben später oft allein.

Alle Kinder werden einmal groß.
Mütter können das oft nicht begreifen.
Kleines Mädchen mit den bunten Schleifen,
Spieltest gestern noch auf ihrem Schoß;
Kleiner Sohn, mußt du die Welt durchstreifen?
Mütter haben oft das gleiche Los.

Alle Stuben werden einmal leer.
Kahl der Tisch, verwaist und stumm der Garten.
Diele knarrt. Und Mütter schweigen, warten ...
Manchmal kommt ein Brief von weitem her.
Stern verlischt. Und all die wohlverwahrten
Tränen tropfen ungeweint ins Meer.

Aufgabe 10 (Inhaltssicherung)

1 Punkt

Worum geht es in dem Gedicht? Kreuze die richtige Antwort an.

- ☐ Es geht um die Frage, was das Erwachsenwerden der Kinder für die Mütter bedeutet.
- ☐ Es geht um Mütter, Kinder und Stuben.
- ☐ Es geht um das Erwachsenwerden.

☐ Punkt

Aufgabe 11 (Einleitung) 7 Punkte

Ergänze die Einleitung der Gedichtanalyse und notiere in die Klammern die Elemente:

Das Gedicht ______________________ *(Titel) von*

______________________ *(* ______________________ *) wurde*

(______________________ *) veröffentlicht. Es handelt von*

____

______________________ *(* ______________________ *).*

☐ Punkte

Aufgabe 12 (Hauptteil – Elemente) 3 Punkte

Der Hauptteil einer Textinterpretation zur Lyrik gliedert sich in die Teile: formale Gestaltung, inhaltliche Analyse, sprachliche Mittel. Ordne die Fachbegriffe aus dem Wortspeicher der Tabelle jeweils richtig zu:

Wortspeicher

Wortwahl • Handlung/Situation • Bilder • Gedichtform • Thema • Metrum • Reimschema • rhetorische Mittel • Strophenaufbau • Satzbau • Motive

formale Gestaltung	inhaltliche Analyse	sprachliche Mittel

☐ Punkte

Aufgabe 13 (Hauptteil – Erzählform) 4 Punkte

Analysiere die formale Gestaltung des Textes:

Anzahl der Strophen: ______________________

Anzahl der Verse je Strophe: ______________________

Reimschema (in Kleinbuchstaben): ______________________

Metrum (Betonung): ______________________ ☐ Punkte

Aufgabe 14 (Hauptteil – sprachliche Mittel) 2 Punkte

Benenne zwei sprachliche Mittel im Text mit Versangabe und erkläre sie kurz.

____

____ ☐ Punkte

Aufgabe 15 (Hauptteil – sprachliche Mittel)

3 Punkte

Die Situation der Mutter, nachdem die Kinder das Elternhaus verlassen haben, wird traurig geschildert. Suche Adjektive, mit denen dies sprachlich ausgedrückt wird:

____

____ ☐ Punkte

Aufgabe 16 (Hauptteil – inhaltliche Analyse)

1 Punkt

Formuliere die inhaltliche Aussage der folgenden Textstelle mit eigenen Worten. Schreibe auf:

„Stern verlischt" (V. 17) bedeutet, ... _______________________

____ ☐ Punkt

Aufgabe 17 (Hauptteil – inhaltliche Analyse)

2 Punkte

Beschreibe, um welche Art von Gedicht es sich handelt. Kreuze an und begründe kurz deine Wahl.

☐ Liebeslyrik ☐ Naturlyrik ☐ Klagelied ☐ politische Lyrik

____

____ ☐ Punkte

Aufgabe 18 (Hauptteil – inhaltliche Analyse)

3 Punkte

Notiere für jede Strophe eine passende Überschrift.

Strophe 1: _______________________________________

Strophe 2: _______________________________________

Strophe 3: _______________________________________ ☐ Punkte

Aufgabe 19 (Schluss – Beispielformulierungen)

6 Punkte

Bestimme bei den folgenden Formulierungen, ob sie zur Einleitung oder zum Schluss gehören.

	Einleitung	Schluss
A Beim Lesen des Gedichts fiel mir auf ...	☐	☐
B Das Gedicht ... von ... thematisiert ...	☐	☐
C Mit ihrem Gedicht zeigt ..., dass ...	☐	☐
D Das Gedicht ... handelt von ...	☐	☐
E Das Gedicht macht darauf aufmerksam ...	☐	☐
F Die Geschichte wirkt auf mich ...	☐	☐

☐ Punkte

C Sachtexte auswerten und argumentieren

Lies den Sachtext und schau dir die Grafik an.

Andrea Wieland: **Die neue Sehnsucht nach Heimat**

Schrebergarten, Volksmusik und Spießigkeit – Heimat war für viele Menschen ein Synonym für Enge und konservative Lebensführung. Doch das einst gemiedene Wort Heimat scheint eine Wandlung zu erfahren. In einer Umfrage des „Spiegel“ aus dem Jahr 2012 gaben 64 Prozent der Deutschen an, dass Heimat im Zeitalter der Globalisierung für sie an Bedeutung gewonnen hat. Im Jahr 1999 waren es etwa zehn Prozent weniger. Gibt es also einen Zusammenhang zwischen einer immer komplexer werdenden Welt und der Sehnsucht nach dem Rückzug in einen kleinen, heilen und überschaubaren Mikrokosmos? Zukunftsforscher bejahen das und haben dafür längst einen Namen gefunden. Auf der Seite von trendwatching.de ist der „Still Made Here Trend“ so beschrieben: „Es ist das Comeback des Lokalen, all der Dinge mit einem Sinn für die eigene Umgebung […]. In einer Welt, die bestimmt wird von Globalisierung und Massenproduktion, interessieren sich immer mehr Konsumenten für das Lokale und damit für das Authentische, das verantwortungs- und umweltbewusste.“
Für Professorin Beate Mitzscherlich ist die neue Sehnsucht nach Heimat unserer Zeit daher kein Zufall: „Dieser Rückbezug auf Heimat kommt immer dann, wenn die Außenwelt unsicher und unheimlich ist.“ Offensichtlich wächst in diesen Zeiten das Bedürfnis nach Orientierung, Sicherheit und Geborgenheit – eben nach Beheimatung […]. Beheimatung ist ein aktiver Prozess des Sich-Verbindens mit Orten, Menschen, kulturellen und geistigen Bezugssystemen. „Erst in der Fremde erfahren wir, dass die Enge, die wir als Jugendliche als Kontrolle erfahren haben, etwas Unterstützendes und Haltendes sein kann“, sagt Prof. Beate Mitzscherlich über Menschen, die irgendwann in ihren Heimatort zurückkehren, wie Gerd Leipold. Der ehemalige Greenpeace-Chef lebte in Kalifornien, London und Amsterdam, bevor er sich nach über 40 Jahren wieder in seinem oberschwäbischen Heimatort niederließ. Heute fühlt er sich sehr wohl dort. Zurück zu den Wurzeln ist im Trend: Sei es Lokales aus den Heimatläden, regionale Krimis oder Bands, die Dialekt singen. Alles mündet in einer neuen Sehnsucht nach Heimat. Gespeist wird dieses Bedürfnis, psychologisch betrachtet, aus der Unsicherheit und dem Unbehagen der Moderne. Für manche Menschen mag es vielleicht sogar ein Protest gegen eine schnelllebige, leistungsorientierte und vernetzte Welt sein.

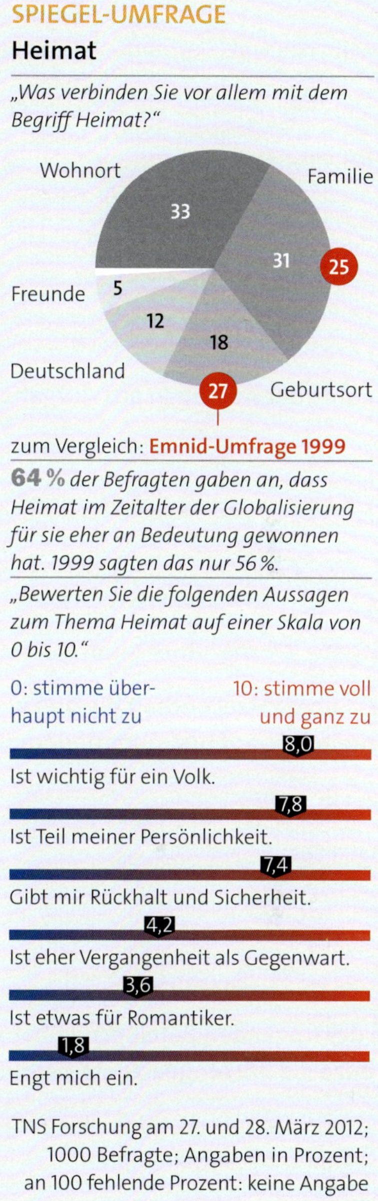

Aufgabe 20 (Sachtext verstehen) 5 Punkte

Trage die angebotenen Wörter so in den Lückentext ein, dass er den Sachtext sinnvoll zusammenfasst.

In dem Sachtext geht es um das Phänomen „________________“. Es wird dargestellt, dass Heimat aktuell für viele Menschen eine besondere ________________ bekommt. Erklären lässt sich dies vor allem mit einem wachsenden Bedürfnis nach ________________ und ________________ in einer leistungsorientierten und ________________ Welt.

Wortspeicher
Geborgenheit •
Heimat •
Sicherheit •
globalisierten •
Bedeutung

Punkte

Aufgabe 21 (Grafik verstehen)

2 Punkte

Betrachte die Grafik. Kreuze für jede der folgenden Aussagen an, ob sie richtig oder falsch ist.

	richtig	falsch
A Die Befragen halten Heimat für einen wichtigen Teil ihrer Persönlichkeit.	☐	☐
B Sie halten Heimat für etwas, das sie einengt.	☐	☐
C Mit „Heimat" verbinden sie am ehesten Familie.	☐	☐
D Der Begriff ist für die meisten eng an den Wohnort gebunden.	☐	☐
E Im Vergleich zur Umfrage von 1999 haben sich keine Bewertungsunterschiede ergeben.	☐	☐

☐ Punkte

Aufgabe 22 (Grafik und Sachtext vergleichen)

3 Punkte

Für eine der Aussagen aus Aufgabe 21 lassen sich passende Textstelle im Sachtext finden. Welche? Notiere.

____

______________________________ ☐ Punkte

Aufgabe 23 (Argumentation)

3 Punkte

Das Silbenrätsel enthält die drei wichtigen Bestandteile einer Argumentation.
Schreibe sie auf und nummeriere sie in der richtigen Reihenfolge.

leg – Be – grün – haup – Be – tung – Be – dung

______________________________ ☐ Punkte

Aufgabe 24 (Argumentation)

2 Punkte

Zu der folgenden Behauptung hat sich ein Schüler Notizen gemacht.
Kreuze die besser geeignete Begründung und den besser passenden Beleg an.

Jugendliche sollten, auch wenn sie nach der Schulzeit ihre Heimat verlassen, ihre alten Freundschaften weiter pflegen und Kontakte halten, ...

☐ **Begründung A:** ... denn sonst bekommt man ja gar nicht mehr mit, was daheim passiert.

☐ **Begründung B:** ... denn mit diesen Freunden ist man eng verbunden. Dieses enge Verhältnis kann vielleicht in manchen Lebensphasen als kontrollierend empfunden werden, es kann aber auch Halt und Sicherheit geben.

☐ **Beispiel A:** Wenn ich beispielsweise in einer schwierigen Lebenssituation einen richtig guten Rat brauche, dann ist es von Vorteil, wenn ich zuverlässige, alte Freunde fragen kann, die mich lange und gut kennen.

☐ **Beispiel B:** Wenn mir beispielsweise interessante Neuigkeiten aus der Heimat zu Ohren kommen, dann kann ich bei alten Freunden jederzeit nachhaken.

☐ Punkte

D Sprache und Grammatik

Aufgabe 25 (Wortschatz: Wiederholungen) 8 Punkte

a **Markiere in der Einleitung zu einer Textinterpretation (über eine Lektüre) störende Wiederholungen.**
b **Schreibe den Text verbessert in dein Heft. Verwende statt der Wiederholungen passende Ersatzwörter (z. B. Pronomen, Synonyme oder ähnliche Begriffe). Du kannst kleinere Veränderungen im Satzbau vornehmen.**

VORSICHT FEHLER!

Der vorliegende Textauszug wurde aus dem 2012 erschienenen Buch „Tschick“ von Wolfgang Herrndorf, das im Rowohlt-Verlag erschien, entnommen. Der im Jahr 1965 geborene und im Jahr 2013 verstorbene Wolfgang Herrndorf wurde für dieses Buch mit dem Deutschen Jugendliteraturpreis ausgezeichnet. Das Buch wurde in zahlreiche Sprachen übersetzt. Das Buch handelt von einer ungewöhnlichen Freundschaft zwischen dem aus bürgerlichen Verhältnissen stammenden Maik und dem Spätaussiedler Tschick, die gemeinsam einen Roadtrip unternehmen und dabei ihre Kindheit hinter sich lassen.

☐ Punkte

Aufgabe 26 (Grammatik: Konjunktionen) 18 Punkte

a **Kreise alle Wörter ein, bei denen es sich um Konjunktionen handelt.**

weil • wohin • mit • deshalb • gerade • dann • dass • wegen • sehr • damit • obwohl • auf • viele • aber

b **Kreuze an, ob es sich bei den Beispielen um nebenordnende oder unterordnende Konjunktionen handelt.**

	und	da	denn	während	sowie	als	ob	wie	oder
nebenordnend	☐	☐	☐	☐	☐	☐	☐	☐	☐
unterordnend	☐	☐	☐	☐	☐	☐	☐	☐	☐

c **Setze in die Lücken passende Konjunktionen ein. Jede soll nur einmal vorkommen.**

Der erste Teil des Romans ist sehr spannend, ______________ man erfährt, ______________ Maik und Tschick gemeinsam in einem entwendeten Auto auf eine große Reise aufbrechen.

______________ ich schon weiß, wie die Geschichte weitergeht, werde ich mir das Buch vermutlich kaufen, ______________ Erzählungen über mutige Jugendliche interessieren mich grundsätzlich. ______________ wir uns in der Schule schon vielfach mit starken Figuren in Jugendbüchern wie „Simpel“ oder „Eulen“ auseinandergesetzt haben, vermittelt der Roman „Tschick“ doch noch eine andere Perspektive auf dieses Thema.

☐ Punkte

Autoren- und Quellenverzeichnis

S. 15: Stefan Schultz: Die Jobfresser kommen. Aus: http://www.spiegel.de/wirtschaft/soziales/arbeitsmarkt-der-zukunft-die-jobfresser-kommen-a-1105032-druck.html (gekürzt) (Stand: 02.08.2016); **S. 17:** Dorothea Siems: Diese Arbeitnehmer haben künftig noch gute Chancen. Aus: https://www.welt.de/wirtschaft/article155468431/Diese-Arbeitnehmer-haben-kuenftig-noch-gute-Chancen.html (Stand: 18.05.2016); **S. 27:** Gertrud Schneller: Das Wiedersehen. Aus: Fundgrube Zeichen der Hoffnung, Patmos Verlag, Düsseldorf 2000; **S. 37:** Wolfdietrich Schnurre: Beste Geschichte meines Lebens. Aus: Der Schattenfotograf, Berlin Verlag, Berlin 2010; **S. 38:** Revolverheld: Lass uns gehen. Text: Kristoffer Hünecke und Johannes Strate; **S. 46:** Rose Ausländer: Noch bist du da. Aus: Ich spiele noch. Neue Gedichte, Fischer Taschenbuch Verlag, Frankfurt a. M. 1987; **S. 49:** Jan Wagner: haute coiffure. Aus: Selbstporträt mit Bienenschwarm, Ausgewählte Gedichte 2001–2005, Hanser Verlag, Berlin Hanser; **S. 50:** Max Frisch: Andorra – Zweites Bild. Aus: Andorra. Stück in zwölf Bildern. Suhrkamp Verlag, Frankfurt a. M. 1961, S. 25–28; **S. 55:** Grit Poppe: Weggesperrt. Aus: Weggesperrt, Dressler Verlag, Hamburg 2009; **S. 67:** Roboter, übernehmen Sie! Interviews von Miriam Hoffmeyer. Aus: http://www.sueddeutsche.de/karriere/zukunft-der-arbeit-roboter-uebernehmen-sie-1.2807971 (Stand: 9.01.2016); **S. 68:** „Selbstbestimmung außer Kraft gesetzt" – Interview mit Yvonne Hofstetter. Aus: http://www.sueddeutsche.de/karriere/zukunft-der-arbeit-roboter-uebernehmen-sie-1.2807971, (Stand: 9.01.2016); **S. 102:** Marlene Röder: Scherben. Aus: Melvin, mein Hund und die russischen Gurken. Erzählungen, Ravensburger Buchverlag, Ravensburg 2011; **S. 106:** Mascha Kaléko: Alle Mütter ... Aus: Das lyrische Stenogrammheft, Rowohlt Taschenbuch Verlag, Reinbek bei Hamburg 1956; **S. 109:** Andrea Wieland: Die neue Sehnsucht nach Heimat. Aus: http://www.planet-wissen.de/kultur/brauchtum/heimat/die-neue-sehnsucht-nach-heimat-100.html (Stand: 30.06.2016)

Bildquellenverzeichnis

S. 7: action press; **S. 10 oben:** Picture-Alliance; **S. 10 unten:** akg-images; **S. 11:** Allstar Universal Pictures / Senator Film; **S. 39:** Picture-Alliance / Sammlung Richter; **S. 46:** dpa-Bildarchiv; **S. 50:** dpa Picture-Alliance; **S. 55:** dpa Picture-Alliance; **S. 57:** picture-alliance/dpa-Zentralbild; **S. 62:** INTERFOTO / Sammlung Rauch; **S. 68:** Shutterstock/studiostoks; **S. 69:** Shutterstock / goran cakmazovic; **S. 74:** Shutterstock / Top Vector Studio; **S. 78:** Fotolia/rolffimages; **S. 80:** Fotolia/StockPhotoPro; **S. 81:** Fotolia / Eugene Sergeev; **S. 82 oben:** bpk / Deutsches Historisches Museum / Sebastian Ahlers; **S. 82 unten:** Fotolia/LiliGraphie; **S. 88 oben:** Mauritius Images / Photo Researchers / National Institute on Aging; **S. 88 unten:** Fotolia/contrastwerkstatt; **S. 98:** © Polizei NRW Hagen; **S. 99:** Shutterstock / Zanariah Salam; **S. 100:** Fotolia/Rasulov; **S. 109:** Cover „Tschick", Wolfgang Herrndorf, Rowohlt Verlag, Berlin 2010

Impressum

Teile einiger Kapitel wurden erarbeitet von: Friedrich Dick, Simone Götz, Dr. Cordula Grunow, Marianna Lichtenstein.

Redaktion: Birgit Wernz, Sandra Wuttke-Baschek

Illustrationen:
Nils Fliegner, Hamburg: S. 26, 28, 29, 32, 35, 40, 42, 56, 102, 106
Marie Geißler, Berlin: S. 91, 92, 96
Bianca Schaalburg, Berlin: S. 78, 79,
Sulu Trüstedt, Berlin: S. 4, 8, 10, 12, 75

Gesamtgestaltung und technische Umsetzung: werkstatt für gebrauchsgrafik, Berlin
Umschlagfoto: Shutterstock/Edyta Pawlowska

www.cornelsen.de

1. Auflage, 1. Druck 2017

Alle Drucke dieser Auflage sind inhaltlich unverändert
und können im Unterricht nebeneinander verwendet werden.

Druck: AZ Druck und Datentechnik GmbH, Kempten

ISBN 978-3-06-062460-7

PEFC zertifiziert
Dieses Produkt stammt aus nachhaltig bewirtschafteten Wäldern und kontrollierten Quellen.
www.pefc.de
PEFC/04-31-2260